W0250795

SCHWARZWALD HÖHENWEGE 1

Westweg · Mittelweg · Ostweg

Hans Jürgen Gorges

KOMPASS Wanderführer

Hans Jürgen Gorges

geb. 1957 in Trier. Nach Abitur (1976 in Rheinbach) und Grundwehrdienst (in Nienburg) Studienbeginn 1978 in Bonn (Allgemeine Sprachwissenschaft, Indogermanistik, Zentralasiatische Philologie). Nach Abschluss des Studiums ab 1985 wechselnde berufliche Tätigkeiten.
Der Autor betreut außerdem die KOMPASS-Wanderführer Bergisches Land und Niederrhein.

© KOMPASS-Karten GmbH · 6063 Rum/Innsbruck (Österreich)

Auflage: 2006 · ISBN 3-85491-382-6 Verlagsnummer 1068

Text: Hans Jürgen Gorges Lektorat: Karin Straßer

Bildnachweis: Tourist-Information Titisee-Neustadt (S. 6, 20, 42, 44, 45, 46, 47, 48, 49); Tourist-Information Waldshut-Tiengen (S. 21, 93, 99); Stadt Schramberg (S. 19, 110, 112, 114, 115), Tourist-Information Kandern (S. 52), Tourist-Information Freudenstadt (S. 16, 72, 74, 75, 77); Tourist-Info Schiltach (S. 11, 78, 80); Kultur-u. Tourismusbüro Hausach (S. 32); Stadtinformation Calw (S. 14), Christian Schlager, Altensteig (S. 105), Tourist Information Alpirsbach (S. 13, 108); Marketing u.Tourismus Villingen-Schwenningen GmbH (S. 116, S. 117), Wutachtalbahn e.V. (S. 120, 122), Tourist-Information Grafenhausen (S. 94, 96, 97); Tourist-Info Höchenschwand (S. 91); B. Pollmann (S. 9, 15, 24, 27, 28, 29, 33, 36, 38, 39, 40, 43, 48, 51, 54, 63, 68, 69, 71, 81, 84, 86, 87, 89, 90, 103, 125); Philipp Theil (S. 23, 31, 64, 65).

Titelbild: Schwärzenbachtal (Tourist-Information Titisee-Neustadt).

Bild Innentitel Seite 1: Rast auf dem Schliffkopf mit Blick auf den Brandenkopf und die Bergwelt des mittleren Schwarzwald (B. Pollmann).

Bild Seite 3: Der Titisee (Tourist-Information Titisee-Neustadt).

Bild Seite 5: (Foto: Tourist-Information Titisee-Neustadt).

Grafische Herstellung: wt-BuchTeam
Wanderkartenausschnitte: © KOMPASS-Karten GmbH
Höhenprofile: wt-BuchTeam

Da die Angaben eines Wanderführers in der heute so schnelllebigen Zeit fast ständig Veränderungen unterworfen sind, kann für die Richtigkeit keine Gewähr übernommen werden. Auch lehrt die Erfahrung, dass Irrtümer nie ganz zu vermeiden sind. Für Berichtigungen und Verbesserungsvorschläge ist die Redaktion stets dankbar. Korrekturhinweise bitte an folgende Anschrift:

Walter Theil, Irmengardstraße 9, 84518 Garching/Alz (Deutschland)

Telefon 0049-(0)8634/68 98 03 · Fax 0049-(0)8634/68 98 04

E-mail: info@wt-buchteam.de · www.wt-buchteam.de

oder an

KOMPASS-Karten GmbH, Kaplanstraße 2, 6063 Rum/Innsbruck (Österreich)

Telefon 0043-(0)512/26 55 61-0 · Fax 0043-(0)512/26 55 61-8

E-mail: kompass@kompass.at · www.kompass.at

Vorwort

Der Schwarzwald ist eine der beliebtesten deutschen Urlaubsregionen, das klassische deutsche Mittelgebirge. Was auch immer die Besuchermassen, die an so populären Orten wie Mummel- und Titisee, Feldberg und »Schwarzwald-Klinik« aus Autos und Bussen strömen, erwarten mögen, die wahre Schönheit, der wahre Gehalt der Landschaft erschließen sich dem Wanderer. Um nur einige Facetten zu nennen: Weite, einsame, kaum von Straßen zerschnittene Wälder, beileibe nicht nur mit Nadelbäumen bestanden, schroffe Berg- und Talhänge, eindrucksvolle Hochmoore und Schluchten werden Sie erleben, wenn Sie auf einem der drei großen Höhenwege den Schwarzwald seiner Länge nach von Nord nach Süd durchstreifen.

Eine die Belange des Fremdenverkehrs berücksichtigende Infrastruktur ermöglicht es, die Wanderstrecken nach Ihren persönlichen Bedürfnissen einzuteilen.

Viel Spaß auf den Höhenwegen des Schwarzwalds!

Hans Jürgen Gorges

INHALT

Frühling im Schwarzwald. Blick zum Feldberg.

Der Schwarzwald

Das südwestlichste deutsche Mittelgebirge erstreckt sich über rund 160 Kilometer parallel zum Rhein. Seine größte Breite beträgt etwa 60 Kilometer.

Im Westen steigt es steil aus dem Oberrheingraben auf, wohingegen es sich im Osten flach abdacht und in Gäu und Baar, Regionen des (Fränkisch-)Schwäbischen Schichtstufenlands, übergeht.

Im Nordschwarzwald ist das alte kristalline Grundgebirge mit unfruchtbarem Buntsandstein überdeckt, so dass sich hier keine Landwirtschaft entwickeln konnte, und der Wald weitgehend geschlossen blieb. Die Siedlungen beschränken sich daher zumeist auf die tief eingeschnittenen Täler.

Die Grenzlinie zum mittleren Teil des Gebirges bildet das Kinzigtal. Südlich davon ist der Wald oft durch bäuerliches Kulturland aufgelockert. Allerdings ermöglicht das Klima lediglich Milchwirtschaft, so dass sich auf den welligen Hochflächen Wiesen und Weidenflächen zwischen den Wäldern finden.

Das gilt auch für den Südschwarzwald, als dessen nördliche Begrenzung das Höllental angesehen werden kann. Hier hat der Schwarzwald seine höchsten Erhebungen. Zum Rhein hin ist das Gebirge mit tiefen Einschnitten stark zertalt, so dass sich eine schroffe Bergwelt gebildet hat.

i Schwarzwald Tourismus GmbH, Ludwigstraße 23, 79104 Freiburg, Tel. 0761-2962271, www.schwarzwaldserver.de.

Naturpark Schwarzwald Mitte/Nord

Der größte deutsche Naturpark erstreckt sich vom Schwarzwaldnordrand bis in den nördlichen Mittelschwarzwald. Der Park ist ein noch junges Kind des Landschafts- und Naturschutzes. Schon länger bestehende Überlegungen, die bis hin zur Einrichtung eines Nationalparks gingen, mündeten schließlich 1999 in der Initiierung des Naturparks.
(Das Naturpark-Haus liegt am Westweg.)

i Naturpark Schwarzwald Mitte/Nord e.V., Naturpark-Haus, Schwarzwaldhochstraße 2, 77889 Seebach, Tel. 07449-91022, www.naturparkschwarzwald.de.

Naturpark Südschwarzwald

Der Park schließt südlich an den Naturpark Schwarzwald Mitte/Nord an und umfasst den Großteil des Mittelschwarzwalds und den Südschwarzwald bis zum Hochrhein. Somit steht der gesamte Schwarzwald unter dem besonderen Schutz eines Naturparks. Auch dieser Park ist ein Ergebnis junger Entwicklungen und entstand 1999 aus verschiedenen Vorgängerprojekten. (Das Haus der Natur liegt am Westweg.)

i Naturpark Südschwarzwald e.V., Haus der Natur, Dr.-Pilet-Spur 4, 79868 Feldberg, Tel. 07676-933610, www.naturpark-suedschwarzwald.de.

Der Schwarzwaldverein und seine Wanderwege

Dass Sie den Schwarzwald problemlos zu Fuß durchstreifen können, verdanken Sie im Wesentlichen dem Schwarzwaldverein, der das Gebirge mit Wanderwegen und zahlreichen anderen Einrichtungen wie Hütten und Aussichtstürmen erschlossen hat.
Der 1864 in Baden gegründete Verein schloss sich mit dem später entstandenen württembergischen 1934 zu einem Gesamtverein zusammen. Mit etwa 90000 Mitgliedern ist er einer der größten Gebirgsvereine. Im Jahr 2000 wurde das 100jährige Jubiläum des ersten Hauptwanderwegs, des Westwegs, gefeiert. Heute werden in ausschließlich ehrenamtlicher Arbeit 18 Hauptwanderwege betreut, die durch zahlreiche Zugangs- und Verbindungswege ergänzt werden.

i Schwarzwaldverein e.V., Schlossbergring 15, 79098 Freiburg, Tel. 0761-380530, www.schwarzwaldverein.de.

Der Westweg

Markierung: Rote Raute auf weißem Grund.
Von Pforzheim (→ Tour 1), dem gemeinsamen Ausgangspunkt der drei großen Wege, führt der

Im KOMPASS Wanderführer Schwarzwald-Höhenwege 2 finden Sie die Beschreibung folgender Wege:

- Kandelhöhenweg Oberkirch – Freiburg (133 km)
- Querweg Gengenbach – Alpirsbach (51 km)
- Querweg Lahr – Rottweil (92 km)
- Schwarzwald-Jura-Bodensee-Weg St. Georgen – Gaienhofen (113 km)
- Schwarzwald-Kaiserstuhl-Rhein-Weg Donaueschingen – Breisach (108 km)
- Querweg Freiburg-Bodensee Freiburg – Konstanz (178 km)
- Hotzenwaldquerweg Schopfheim – Waldshut (45 km)
- Hochrheinquerweg Rheinfelden – Albbruck (49 km)
- Nordrandweg Mühlacker – Karlsruhe (70 km)
- Gäurandweg Mühlacker – Schopfloch (99 km)

Westweg zunächst über den Höhenrücken zwischen Nagold und Enz und steigt dann aus dem Enztal zum Nordrand des Schwarzwalds auf. Über Dobel (→ Tour 2) geht es in die Wälder des Buntsandsteins, wo auf dem Hohloh knapp 1000 Höhenmeter erreicht werden. Ein steiler Abstieg führt in das tief eingeschnittene Murgtal nach Forbach (→ Tour 3). Ebenso steil geht es wieder hinauf auf den westlichen Kamm. Moorgebiete und Karseen werden

WESTWEG - Gesamtübersicht - km-Etappen

Km		Km	
0	Pforzheim	188	Feldberg-Bärental
13	Neuenbürg-Wilhelmshöhe	195	Feldberger Hof
17	Schwanner Warte		**Westroute**
25	Dobel	198	Feldberggipfel
39	Hohloh	207	Notschrei
46	Forbach	213	Wiedener Eck
59	Sand	219	Belchen
64	Unterstmatt	224	Haldenhof
69	Mummelsee	234	Blauen
77	Ruhestein	243	Kandern
91	Alexanderschanze	256	Burg Rötteln
	(bei Kniebis)	265	Basel
107	Harkhof		**Ostroute**
114	Variante Brandenkopf	207	Blößling
122	Hausach (Variante 128 km)	213	Hochkopfhaus
142	Wilhelmshöhe (bei Schonach)	229	Hohe Möhr
149	Martinskapelle / Bregquelle	235	Hasel
156	Neueck (bei Furtwangen)	247	Hohe Flum
162	Kalte Herberge	252	Adelhausen
168	Hohlengraben	262	Rührberg
182	Titisee	268	Grenzach
		271	Basel

Das neue Markierungssystem im Schwarzwald enthält die Standortangabe und die mit der gelben Raute markierten lokalen Wege mit Zielangaben und weiteren Hinweisen.

auf dem Weg berührt, der über die Hornisgrinde, den höchsten Berg des Nordschwarzwalds (1163 m), und den Mummelsee (→ Tour 4) südwärts läuft. Vorbei an Kniebis (→ Tour 5) geht es auf einsamer Waldstrecke schließlich hinab ins Kinzigtal nach Hausach (→ Tour 6).

Im Mittelschwarzwald führt der Westweg zunächst steil aufsteigend auf die Höhen zwischen Elz und Gutach. Vorbei an Schonach (→ Tour 7) und Furtwangen (→ Tour 8) folgt der Weg der Wasserscheide Rhein – Donau über die wellige Hochfläche aus Wäldern und Wiesen.

Vom Titisee (→ Tour 9, → Tour 13) steigt der Weg ins Feldbergmassiv auf, wo er sich in zwei Routen trennt. Die Westroute (→ Tour 9) läuft zunächst westwärts über den Feldberggipfel, die höchste Erhebung (1493 m), in die Bergwelt des Südschwarzwalds.

Der König des Schwarzwalds, der markante Belchen (1414 m, → Tour 10), und der Blauen, der Hausberg Badenweilers (1165 m, → Tour 11), liegen am Weg. Ein langer Abstieg führt hinunter nach Kandern (→ Tour 12), dem Zentrum des Markgräfler Lands. Durch die südwestlichste deutsche Region kommt man schließlich nach Basel.

Die Ostroute (→ Tour 13) schwenkt am Feldberg südwärts in die Berge. Herzogenhorn (1415 m), Blößling (1309 m), Hochkopf (1263 m, → Tour 14) und Hohe Möhr (985 m) sind Stationen auf dem Weg nach Hasel (→ Tour 15), das am Südrand des Schwarzwalds liegt. Über das Karstplateau des vorgelagerten Dinkelbergs geht es dann westwärts nach Basel.

Der Mittelweg

Markierung: Rote Raute mit weißem Strich auf weißem Grund.

Der Mittelweg läuft zunächst (→ Tour 16) über die Höhe zwischen Würm und Nagold, um dann auf das wellige Hochland zwischen Nagold und Enz aufzusteigen. In Calmbach wird das Enztal erreicht, dem der Weg bis Bad Wildbad (→ Tour 17) folgt. Es schließt sich ein steiler Aufstieg in die Wälder des Buntsandsteins an. Hier berührt der Weg die einzigartigen Moorgebiete von Wild- und Hohlohsee. Über Besenfeld (→ Tour 18) und den oberen Rand des Murgtals wird Freudenstadt (→ Tour 19) erreicht. Ab Zwieselberg läuft der Weg auf einsamen Waldpfaden schließlich hinunter ins Kinzigtal nach Schiltach (→ Tour 20).

Steil steigt der Weg auf die wellige Hochfläche des Mittelschwarzwalds auf. Durch Wälder und Wiesen geht es über die Uhrenstädte St. Georgen (→ Tour 21) und Furtwangen (→ Tour 22) und die Wasserscheide Rhein - Donau nach Neustadt im Gutachtal (→ Tour 23, → Tour 25), wo der Abschnitt durch den Südschwarzwald beginnt.

Zunächst steigt der Weg steil auf den Hochfirst (1190 m) auf, die höchste Erhebung am Mittelweg. Ebenso steil geht es hinunter nach Lenzkirch, dann wieder aufwärts auf die Hochfläche. Jetzt trennt sich der Weg in zwei Routen. Die Westroute führt hinunter an den Schluchsee.

Es geht ein Stück am See entlang, dann steigt der Weg in den Hotzenwald auf, die Aussichtsterrasse des Schwarzwalds. Bei weiten Blicken nach Süden kommt man über Häusern (→ Tour 24) und Höchenschwand, das »Dorf

MITTELWEG - Gesamtübersicht - km-Etappen

Km			
0	Pforzheim	147	Furtwangen
7	Büchenbronn	154	Kalte Herberge
11	Engelsbrand	169	Neustadt
14	Langenbrand	172	Hochfirst
20	Calmbach	177	Lenzkirch
24	Bad Wildbad		**Westroute**
31	Grünhütte	186	Schluchsee
37	Kaltenbronn	188	Seebrugg
54	Besenfeld	196	Häusern
73	Freudenstadt	200	Höchenschwand
78	Zwieselberg	210	Nöggenschwil
101	Schiltach	221	Waldshut
111	Fohrenbühlhaus		**Ostroute**
125	Staude	190	Rothaus
130	St. Georgen	209	Witznau
139	Stöcklewaldturm	214	Gurtweil
		219	Waldshut

Schiltach.

am Himmel«, schließlich hinunter ins Hochrheintal nach Waldshut. Die Ostroute bleibt zunächst auf der Höhe. Über Rothaus (→ Tour 26) geht es in das beginnende Mettmatal hinunter. Der Weg durchläuft das ganze, tief eingeschnittene Waldtal. Die Mettma mündet in die Schlücht, der der Mittelweg dann folgt. Auf Bergpfaden geht es durch die steilen Talhänge.

Am Ende wird über den Höhenrücken zwischen Schlücht und Rhein hinweg Waldshut erreicht.

Der Ostweg

Markierung: Schwarz-rote Raute auf weißem Grund.

Der Ostweg erschließt die Ostabdachung des Schwarzwalds und die angrenzenden Räume des (Fränkisch-)Schwäbischen Schichtstufenlands. Waldstrecken wechseln mit einer sich dem Blick öffnenden Landschaft. Der Weg verbindet eine Reihe alter, sehenswerter Städte und viele Dörfer. Von Pforzheim (→ Tour 27) aus geht es zunächst das Würmtal aufwärts. Dann knickt der Weg nach Westen, durchschneidet die Hochfläche zwischen Würm und Nagold und führt nach Bad Liebenzell (→ Tour 28) hinunter. Weiter geht es das Nagoldtal aufwärts über Hirsau bis Calw. Nun kürzt der Weg die große Schleife, die die Nagold beschreibt, nach Südwesten ab. Auf und ab geht es über Zavelstein, Bad Teinach (→ Tour 29) und Berneck nach Altensteig (→ Tour 30), wo die Nagold nochmals erreicht wird. Der Ostweg führt zunächst ein stilles Seitental aufwärts, dann ab Pfalzgrafenweiler über die wellige Hochfläche nach Freudenstadt (→ Tour 31).

Durch den südlichen Waldbereich des Nordschwarzwalds läuft der Weg hinunter ins Kinzigtal nach Alpirsbach (→ Tour 32) und steigt dann auf die Ostabdachung an. Es geht wieder hinunter ins Schiltachtal zur Uhrenstadt Schramberg (→ Tour 33). Steil steigt der Weg erneut auf die wellige Hochfläche an und läuft über den Barockort Königsfeld in das alte Villingen (→ Tour 34).

Durch das Schwenninger Moos (Neckarursprung) und das offene Land der Baar werden die bewaldeten Ausläufer der Jurahöhen erreicht. Auf und ab geht es über Geisingen, Gutmadingen, wo die junge Donau gekreuzt wird, und die Länge, mit 920 m die höchste Erhebung am Ostweg. Schließlich gelangt man in der Nähe von Blumberg steil hinunter ins Wutachtal (→ Tour 36). Der folgende Felspfad durch dessen Kalkstein-Cañon ist ein Höhepunkt des Wegs. Weiter geht es das Tal abwärts bis Stühlingen (→ Tour 37). Jetzt knickt der Weg scharf nach Osten, erklimmt steil ansteigend den Randen (896 m) und führt abwärts nach Schaffhausen.

Der Europäische Fernwanderweg 1 im Schwarzwald

Der E 1 »Nordsee - Bodensee - Gotthard - Mittelmeer« erreicht auf seinem Weg von Schweden nach Italien in Pforzheim den Schwarzwald. Er folgt dem Großteil des Westwegs bis ins Feldbergmassiv zur Hochkopfhütte

OSTWEG - Gesamtübersicht - km-Etappen

km		km	
0	Pforzheim	102	Alpirsbach
9	Burg Liebeneck	115	Aichhalden
14	Steinegg	121	Schramberg
18	Neuhausen	134	Königsfeld
25	Bad Liebenzell	140	Mönchweiler
31	Hirsau	148	Villingen
34	Calw	155	Schwenninger Moos
40	Zavelstein	169	Öfingen
41	Bad Teinach	181	Geisingen
43	Liebelsberg	186	Gutmadingen
46	Oberhaugstett	194	Hondingen
55	Berneck	203	Achdorf
58	Altensteig	209	Bf. Lausheim-Blumegg
69	Pfalzgrafenweiler	217	Stühlingen
79	Obermusbach	220	Schleitheim
85	Freudenstadt	224	Randenturm
94	Schömberg	235	Schaffhausen

Kreuzgang in der Klosterkirche Alpirsbach.

(→ Tour 1 - 9). Dann benutzt er einen Verbindungsweg über Aha nach Schluchsee und folgt jetzt ein kurzes Stück dem Mittelweg über Lenzkirch bis zum Hierabrunnen (→ Tour 23).
Ab hier läuft der E 1 auf dem Querweg Freiburg – Bodensee durch die Wutachschlucht, den Hegau und über den Bodanruck nach Konstanz.

Weitere Informationen zum E 1 finden Sie im KOMPASS Wanderführer 1057 »Europäischer Fernwanderweg E 1« von Arthur Krause.

Hauptorte an West-, Mittel- und Ostweg

Alpirsbach (Ostweg)
Die 7000 Einwohner-Stadt im oberen Kinzigtal verdankt ihre Entstehung dem 1095 gegründeten Kloster und wird im Zentrum auch heute noch von dessen Anlagen beherrscht. In der 1125 fertiggestellten zweiten Klosterkirche St. Nikolaus ist der cluniazensische Reformbaustil der Hirsauer Schule unverfälscht erhalten.
Ehemalige Klostergebäude beherbergen heute u.a. das Infozentrum/Klostermuseum »Mönche und Scholaren« und das Museum für Stadtgeschichte.
i Tourist-Information, Haus des Gastes, Hauptstraße 20, 72275 Alpirsbach, Tel. 07444-9516218, www.alpirsbach.de.

Altensteig (Ostweg)
Der historische Kern der 11000 Einwohner-Stadt erstreckt sich im linken Hang des Nagoldtals. 1085 erstmals erwähnt, kam sie 1398 zu Baden und 1605 zu Württemberg, was einen 150 Jahre währenden Streit zwischen den beiden Ländern zur Folge hatte.

Calw, Klosterspiele.

Mit den trotz der Zerstörungen des 30jährigen Krieges noch teils aus dem Mittelalter stammenden Häusern, den Gässchen und Treppen hat sich ein malerisches Stadtbild erhalten. Der Rundgang »Historische Meile« zeigt 22 sehenswerte Bauten. Im Alten Schloss befindet sich das Heimat- und Geschichtsmuseum.

i Tourist-Information, Städtisches Verkehrsamt, Rosenstraße 28, 72213 Altensteig, Tel. 07453-6633 oder -946147, www.altensteig.de.

Bad Liebenzell (Ostweg)
Das 9500 Einwohner zählende Heilbad im Nagoldtal wurde 1092 erstmals urkundlich erwähnt. Seit 1403 ist die Nutzung der Quellen belegt. Die um 1200 erbaute Burg im linken Talhang oberhalb der Stadt gilt als Musterbeispiel des Burgenbaus der Stauferzeit. Heute beherbergt sie eine internationale Bildungsstätte. Seit 1902 ist die weltweit tätige evangelische Liebenzeller Mission in der Stadt ansässig und unterhält hier ein theologisches Seminar.

i Tourist-Information, Rathaus, Reuchlinweg 3, 75378 Bad Liebenzell, Tel. 07052-4080, www.badliebenzell.de.

Bad Teinach-Zavelstein (Ostweg)
Bad Teinach bildet seit 1975 mit Zavelstein und umliegenden Orten eine 3000 Einwohner umfassende Stadt. Das Bad war im 17. und 18. Jh. bevorzugte Sommerresidenz der württembergischen Herzöge. 1835 wurde es klassizistisch ausgebaut, 1983 ein modernes Kurzentrum auf der Basis

neu gebohrter Quellen eingerichtet. Die evangelische Dreifaltigkeitskirche birgt ein einmaliges Kunstdenkmal: eine der christlichen Pansophie gewidmete kabbalistische Lehrtafel von 1673.
Der auf einem Bergsporn gelegene Burgweiler Zavelstein steht geschlossen unter Denkmalschutz. Seit 1367 hatte der Ort Stadtrecht und war bis zur modernen Kommunalreform mit 250 Einwohnern eine der kleinsten Städte Deutschlands. Die Burg aus staufischer Zeit wurde bis auf den Bergfried 1692 zerstört.
i Teinachtal-Touristik, Rathausstraße 5, 75385 Bad Teinach-Zavelberg, Tel. 07053-9205040, www.teinachtal.de, www.bad-teinach-zavelstein.de.

Bad Wildbad (Mittelweg)
Bereits im 15. Jh. war die heute 12000 Einwohner zählende Kurstadt im Enztal ein bedeutender Badeort. 1824 begann der Ausbau zum württembergischen Staatsbad. Hervorragendes Bauwerk ist das aus dem 1839–47 errichteten Graf-Eberhard-Bad hervorgegangene Palais-Thermal, das als Jugendstilbau mit orientalischen und maurischen Einflüssen nach aufwändigen Renovierungen 1995 in Betrieb genommen wurde. Ebenfalls sehenswert ist das 1882–89 erbaute König-Karls-Bad.
i Touristik Bad Wildbad, König-Karl-Straße 7, 75323 Bad Wildbad, Tel. 07081-10280, www.bad-wildbad-tourismus.de, www.badwildbad.de.

Basel (Westweg)
Die vor allem von chemisch-pharmazeutischer Industrie geprägte Wirtschaftsmetropole am Dreiländereck ist mit 175000 Einwohnern die zweitgrößte Schweizer Stadt.

Rast unter mehrhundertjährigen Linden auf der Tüllinger Höhe oberhalb Basels, auf der Schlussetappe der Westroute des Westwegs.

Freudenstadt besitzt einen der größten Marktplätze Deutschlands.

Die seit 1006 freie Reichsstadt, die am Standort eines Römerlagers entstanden war, hatte ihre Blütezeit im 15. und 16. Jh. 1501 erfolgte der Beitritt zur Eidgenossenschaft. Das historische Zentrum liegt im linksrheinischen Großbasel; der Westweg führt bis zum Badischen Bahnhof im rechtsrheinischen Kleinbasel.

i Tourist- und Hotel-Information, Stadt-Casino Barfüsserplatz, Steinenberg 14, CH-4051 Basel, Tel. 0041-61-26868, www.baseltourismus.ch, www.basel.ch.

Calw (Ostweg)
Die 23000 Einwohner-Stadt im Nagoldtal wurde erstmals 1075 erwähnt und stand im Schutz einer nicht mehr vorhandenen Burg. Die Stadt kam durch Tuchmacherei vor allem im 18. Jh. zu Wohlstand, daneben besaß sie das Salzhandelsmonopol für Württemberg. Im Kern finden sich viele schön renovierte Fachwerkhäuser, vor allem um den Marktplatz. Hier richtete die Stadt ihrem Sohn Hermann Hesse gegenüber seinem Geburtshaus ein Museum im historischen Palais Schüz ein (außer montags).

i Stadtinformation, Marktbrücke 1, 75365 Calw, Tel. 07051-968810, www.calw.de.

Freudenstadt (Mittelweg, Ostweg)
Die Kurstadt mit 20000 Einwohnern wurde 1599 vom württem-

bergischen Herzog Friedrich I. gegründet. Er siedelte protestantische Flüchtlinge aus Salzburg und Bergleute an. Die regelmäßige Stadtanlage mit dem gewaltigen Marktplatz (Seitenlänge 225 m), der von einer geschlossenen Häuserzeile mit Laubengängen umgeben ist, geht auf Pläne vom Anfang des 17. Jh. zurück. Die 1945 durch Übergriffe alliierter Truppen hervorgerufenen schweren Zerstörungen wurden 1949–54 durch einen beispielhaften Wiederaufbau nach historischen Vorbildern beseitigt. 1990 erfolgte eine Neugestaltung des Platzes. Die Südwestecke wird von der 1601-08 mit zwei Langhäusern um die Ecke gebauten evangelischen Kirche gebildet. Mitten auf dem Marktplatz befindet sich das Stadthaus mit Heimatmuseum.

i Tourist-Information Kongresse Touristik Kur, Marktplatz 64, 72250 Freudenstadt, Tel. 07441-8640, www.freudenstadt.de.

Furtwangen (Mittelweg, nahe Westweg)

Die 1179 erstmals erwähnte Stadt mit 10000 Einwohnern ist das Zentrum der Schwarzwälder Uhrenindustrie. Die heutige Fachhochschule ist aus einer Lehranstalt für Uhrmacher entstanden. Das Deutsche Uhrenmuseum (Robert-Gerwig-Platz 1) beherbergt eine der weltweit umfassendsten Sammlungen.

i Tourist-Info, Lindenstraße 1, 78120 Furtwangen, Tel. 07723/92950, www.dasferienland.de, www.furtwangen.de.

Pforzheim: Fußweg Hauptbahnhof - Kupferhammer

West-, Mittel- und Ostweg beginnen offiziell am Gasthaus Kupferhammer an der B 463 südlich der Stadt.

Vom Hauptbahnhof ist eine Verbindung dorthin (2 km) mit der Markierung der drei Wege ausgewiesen, die innerstädtische Bezeichnung ist jedoch lückenhaft. Entweder gehen Sie gegenüber dem Haupteingang neben der Schlosskirche den Schlossberg hinunter und über Treppen in die Fußgängerzone auf den Markt, oder vom Personentunnel aus rechts, vor der Polizei links in die Bahnhofstraße 22, über Treppen an der Barfüßerkirche vorbei und links durch die Karl-Friedrich-Straße zum Markt.

Neben dem Neuen Rathaus auf der Gernika-Brücke über eine Straße. Zwischen Stadthalle und Theater auf die markante Evangelische Stadtkirche zu, über die Enz und an der Kirche links zur Nagold. Rechts flussaufwärts durch Parkanlagen bis zur zweiten Straßenbrücke (bei erster Brücke rechts das Schmuckmuseum). Über die Nagold in die Anlagen am anderen Ufer. Die Zeichen weisen dann nach links zur Überquerung der B 463.

Wenn Sie auf Mittel- oder Ostweg wandern, sollten Sie hier die Straße queren und auf der anderen Seite über die Würm hinweg zum Kupferhammer gehen. Für den Westweg bleiben Sie hingegen besser diesseits der Straße.

Hausach (Westweg)

Der Verkehrsknotenpunkt beim Zusammenfluss von Gutach und Kinzig war seit 1303 im Besitz der Fürstenberger. Seit dem 11. Jh. ist Bergbau, unter anderem nach Silbererzen, belegt. Rund um Hausach liegen 60 ehemalige Gruben und Stollen. Heute ist die 5500 Einwohner-Stadt von mittelständischer Industrie geprägt. Oberhalb am Westweg liegt die Ruine der 1453 errichteten Burg Husen, die 1643 zerstört wurde.

i Kultur- und Tourismusbüro, Hauptstraße 34, 77756 Hausach, Tel. 07831-7975, www.hausach.de.

Kandern (Westweg-Westroute)
Die 8000 Einwohner-Stadt ist das Zentrum des Markgräfler Lands und bekannt für ihre auf den Tonvorkommen der Umgebung beruhenden Keramikwaren. Das Stadtbild ist von klassizistischen Bauten geprägt, besonders am zentralen Blumenplatz. In einem Staffelgiebelhaus aus dem 16. Jh. befindet sich das Heimat- und Keramikmuseum (Ziegelstraße 30, mittwochs und sonntags).

i Tourist-Information, Hauptstraße 18, 79400 Kandern, Tel. 07626-972356, www.kandern.de.

Neustadt (Mittelweg)
Die vormalige Kreisstadt bildet seit 1971 mit Titisee und anderen Orten eine Stadt mit 12000 Einwohnern. Erstmals 1725 erwähnt, wurde der alte Ort 1817 durch einen Brand zerstört. Die Heimatstuben beim Kurgarten enthalten eine umfangreiche Sammlung zur Geschichte von Stadt und Umland einschließlich einer komplett eingerichteten Uhrmacherstätte (Scheuerlenstraße 31, montags, donnerstags, freitags).

i Tourist-Information OT Neustadt, Sebastian-Kneipp-Anlage 2, 79822 Titisee-Neustadt, Tel. 07651-935560, www.titisee-neustadt.de.

Pforzheim (West-, Mittel- und Ostweg)
Das Tor zum Nordschwarzwald am Zusammenfluss von Enz, Nagold und Würm ist als Schmuck- und Goldstadt bekannt. Die römische Gründung (vicus portus) ist erstmals 1067 urkundlich erwähnt. Die Markgrafen von Baden residierten hier 1127–1565. 1767 begann der Aufbau der Schmuckindustrie. Am 23.2.1945 wurde die Stadt durch einen britischen Bombenangriff in Schutt und Asche gelegt, ein Drittel der damals 60000 Einwohner fand den Tod. Somit prägen Nachkriegsbauten das Bild der Stadt, in der heute 116000 Einwohner leben. Hauptattraktion ist das im Reuchlinhaus befindliche Schmuckmuseum, das die Geschichte des abendländischen Schmucks umfassend darstellt (Jahnstraße 42, außer montags).

i Tourist-Information, Neues Rathaus, Marktplatz 1, 75175 Pforzheim, Tel. 07231-1454560, www.pforzheim.de.

St. Georgen (Mittelweg)
Die 14000 Einwohner-Stadt entstand um ein 1084 gegründetes Kloster, dessen Mönche nach dem 30jährigen Krieg nach Villingen übersiedelten. Im Verfolg des Uhrmacherhandwerks entwickelte sich feinmechanische und elektrotechnische Industrie, die St. Ge-

orgen bis in die 70er Jahre des vergangenen Jahrhunderts zu einem bedeutenden Standort der Phonogerätefertigung machte. Im Rathaus befindet sich das Deutsche Phonomuseum mit sehr interessanten Exponaten (Hauptstraße 9, außer sonntags).

i Tourist-Information, Rathaus, Hauptstraße 9, 78112 St. Georgen, Tel. 07724-87194, www.dasferienland.de, www.st-georgen.de.

Schaffhausen (Ostweg)
Die 34000-Einwohner-Stadt ist Hauptstadt des gleichnamigen Schweizer Kantons. Gegründet um 1045 wurde sie um 1218 freie Reichsstadt. 1454 schloss sie sich der Eidgenossenschaft an. Die von zahlreichen Bürgerhäusern mit Erkern geprägte Altstadt wird gekrönt von der 1564–84 entsprechend der »Festungslehre« Albrecht Dürers erbauten runden Festung Munot.

i Schaffhausen Tourismus, Herrenacker 15, CH-8201 Schaffhausen, Tel. 0041-52-6324020, www.schaffhausen-tourismus.ch, www.stadt-schaffhausen.ch.

Schiltach (Mittelweg)
Die seit 1275 belegte 4000-Einwohner-Stadt an der Mündung der Schiltach in die Kinzig war Zentrum der Flößer und Gerber. Der malerische, ansteigende Marktplatz ist umgeben von Fachwerk- und Staffelgiebelhäusern (Museum am Markt, Apothekenmuseum). Im schön renovierten Gerberviertel an der Kinzig befindet sich das interessante Schüttesägemuseum zu Flößerei und Gerberei (Hauptstraße 1).

i Tourist-Info, Hauptstraße 5, 77761 Schiltach, Tel. 07836/5850, www.schiltach.de.

Stadtansicht von Schramberg.

Schramberg (Ostweg)
Die 19000-Einwohner-Stadt liegt mit ihrem Kern in einer aus 5 Tälern gebildeten Spinne und ist durch die Uhrenindustrie weltweit bekannt geworden. Der Ort war 1583–1806 in habsburgischem Besitz und erhielt erst 1867 Stadtrecht. Das Schloss beherbergt das Stadtmuseum mit der vier Meter großen Uhr der Pariser Weltausstellung von 1900 (Bahnhofstraße 1, außer montags). Am Rathaus befindet sich eine astronomische Uhr von 1913. Die Stadt ist von drei Burgruinen umgeben: Falkenstein, Hohenschramberg oder Nippenburg und Schilteck.
i Bürgerservice und Tourist-Information, Hauptstraße 25, 78713 Schramberg, Tel. 07422-29215 oder -29216, www.schramberg.de.

Titisee (Westweg)
Der Kurort, ein Zentrum des Schwarzwaldtourismus, bildet seit 1971 mit Neustadt und anderen Orten eine Stadt mit 12000 Einwohnern. Der Ortsname wurde erst 1929 vom See übernommen (vorher Vierthäler). Der Titisee ist ein Moränenstausee und der größte Natursee des Schwarzwalds. Der Sage nach ist im See ein Ort versunken. Ebenso ins Reich der Sage gehört die Ableitung des seit 1111 belegten Namens vom römischen Kaiser Titus.
i Tourist-Information OT Titisee, Strandbadstraße 4, 79822 Titisee-Neustadt, Tel. 07651-98040, www.titisee-neustadt.de.

Villingen (Ostweg)
Das ehemals badische Villingen bildet mit dem vormals württembergischen Schwenningen seit

Titisee im Winter.

1972 eine Doppelstadt mit 82000 Einwohnern. Der erstmals 817 erwähnte Ort wurde 1218 unter den Zähringern Reichsstadt, 1326 habsburgisch und 1806 badisch. Der innere Ring der Stadtbefestigung aus dem 13. Jh. ist nahezu vollständig erhalten. Zwischen den vier Toren bilden zwei Hauptstraßen ein Kreuz, ein typisches Merkmal der Zähringerstädte. Die wichtigsten Sehenswürdigkeiten: Liebfrauenmünster (Baubeginn um 1130, auffällig die ungleichen Türme), daneben das Alte Rathaus (historischer Ratssaal), Franziskanerkloster (1268, heute Museum mit Schwarzwaldsammlung) und die barocke Benediktinerkirche (Silbermannorgel von 1752).

Das Obere Tor in Waldshut.

Tourist-Information Villingen, Niedere Straße 88, 78050 Villingen-Schwenningen, Tel. 07721-822340, www.tourismus-vs.de, www.villingen-schwenningen.de.

Waldshut (Mittelweg)
Das am Hochrhein gelegene Waldshut bildet seit 1975 mit Tiengen und zahlreichen Umlandorten eine Stadt mit 23000 Einwohnern. Es wurde vor 1240 von den Habsburgern gegründet. Diese waren hier durch einen »Waldvogt« vertreten und konnten ihre Herrschaft am Hochrhein bis 1801 verteidigen. Die noch komplett erhaltene Altstadt gilt als Musterbeispiel einer habsburgischen »Waldstadt« und vermittelt mit ihren bemalten Bürgerhäusern aus dem 16.–18. Jh. ein besonderes Flair. Hauptachse ist die Kaiserstraße zwischen Unterem und Oberem Tor, hier das Rathaus (1762), das Gasthaus Zum Wilden Mann (16. Jh.) und die Alte Metzig (1688) mit Heimatmuseum.

Tourist-Info Waldshut, Wallstraße 26, 79761 Waldshut-Tiengen, Tel. 07751-833200, www.waldshut-tiengen.de.

1

Pforzheim – Dobel

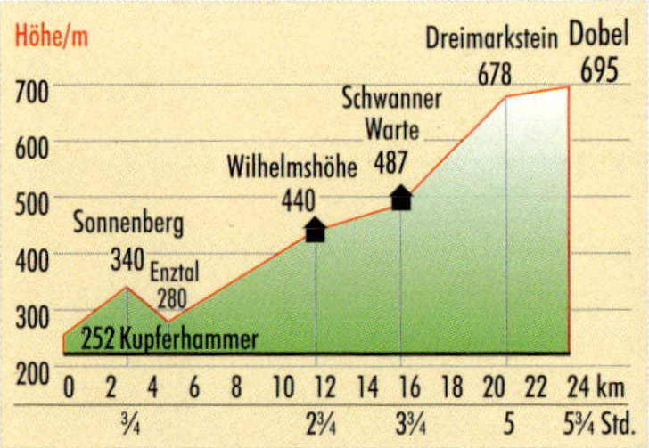

Ausgangspunkt: Pforzheim Hauptbhf. oder Gasthaus Kupferhammer an der B 463 (Bus, zu Fuß siehe S. 17).
Zielpunkt: Dobel Am Eichplatz, Bus Post.
ÖPV unterwegs: Bus Sonnenberg, Birkenfeld, Wilhelmshöhe, Schwanner Warte, Dreimarkstein.
Charakter: Zunächst 3 km durch bebautes Gebiet, dann überwiegend feste Waldwege.
Einkehr/Übernachtung: Pforzheim (JH Burg Rabeneck 1 km abseits in Dillweißenstein), Wilhelmshöhe, Schwann (nur E), Schwanner Warte (nur E), Dobel.
Karte: KOMPASS Nr. 769.

Die erste Etappe des Westwegs läuft aus dem Enztal über den an Aussicht reichen Schwarzwaldnordrand nach Dobel, einem der wenigen Höhenorte im Norden des Gebirges.
Die drei großen Schwarzwaldwege beginnen offiziell am **Gasthaus Kupferhammer** an der Nagold, unweit der Mündung der Würm (Anschluss vom Hauptbahnhof siehe S. 17). Der Westweg führt gegenüber auf der anderen Straßenseite hinunter zur Nagold. Etwa 1 km den Fluss entlang, dann mit einer Betonbrücke auf die andere Seite. Weiter bis zur alten Sandsteinbrücke und die Verkehrsstraße hoch. Über eine Bahnstrecke und an Einmündung Liebfrauenstraße einen Fußweg hangaufwärts. Zunächst links, dann rechts »Auf der Rotplatte«, links Schultheiß-Trautz-, weiter Julius-Naeher-Straße aufwärts zum Siedlungsrand von Sonnenberg. Durch eine Unterführung in den Wald. Am Tornadogedenkstein rechts ab Richtung Birkenfeld und auf ungeteertem Weg hinab ins Enztal. Mit einer Stahlbrücke über den Fluss, 700 m die Bahnstrecke entlang, auf hoher Brücke zur B 294 und steil den Weg »Wildbader Straße 128« hoch. Am Ortsrand von **Birkenfeld** scharf links die Zeppelinstraße queren.
Weiter kräftig bergan und am

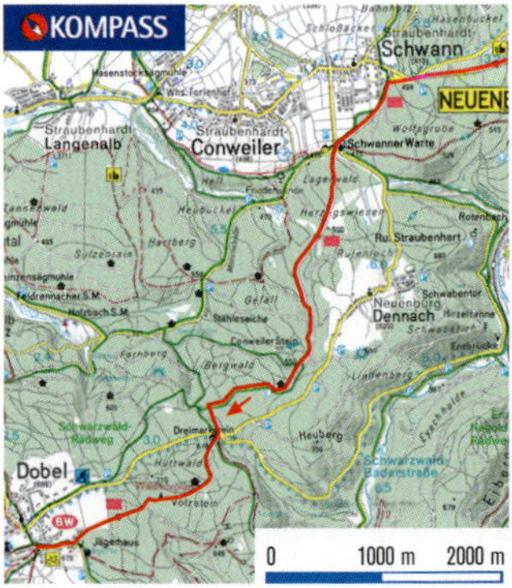

Das neue Rathaus in Pforzheim.

Friedhof links in den Wald, nach 50 m rechts versetzt. Links in den nächsten Weg und fast eben 2,5 km durch den oberen Hang des Enztals. Vor Straßeneinmündung links ab, unweit von Kreuzung im Wald bleiben, dann rechts über die Straße und links in einen ansteigenden Waldweg. Bei den ersten Häusern von Neuenbürg links ab, ein Stück am Ortsrand, dann auf der Straße zur **Wilhelmshöhe**. Am Kreisel links ab und den Waldenburgweg aufwärts. Rechts in die Feldbergstraße und geradeaus durch den Wald zum Ortsrand von Schwann. Links den Waldrand entlang zum

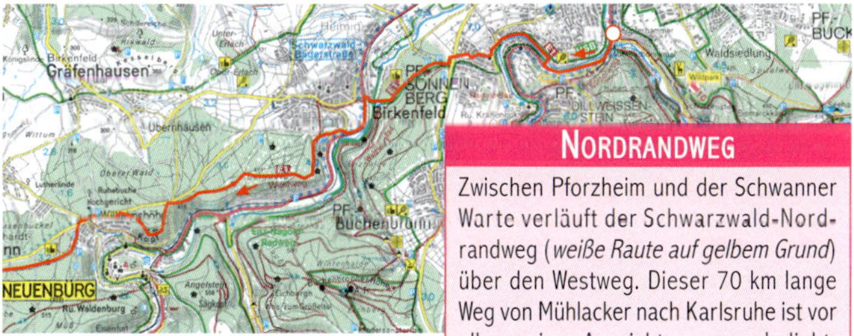

Aussichtsturm **Schwanner Warte**. Über die Straße und neben der Friedenslinde halblinks in den Wald. Ständig bergan, nach etwa 2 km über eine große Kreuzung. Nach weiteren 800 m in Linksbiegung rechts auf schmalen Weg und bald an Gabel links auf Fahrweg. Nach ca. 1,5 km links auf unbefestigtem Weg zur Straßengabel am **Dreimarkstein** (Rastplatz).

NORDRANDWEG

Zwischen Pforzheim und der Schwanner Warte verläuft der Schwarzwald-Nordrandweg (*weiße Raute auf gelbem Grund*) über den Westweg. Dieser 70 km lange Weg von Mühlacker nach Karlsruhe ist vor allem seiner Aussichten wegen beliebt.

☞ KOMPASS-WF Schwarzwaldhöhenwege 2

Auf der anderen Seite halbrechts in den Hüttwaldweg. Vorbei am Großen Volzemer Stein (Fels) und auf dem Engehurlesweg nach **Dobel**. Über Eschbach- und Wildbader Straße zum Punkt »Am Eichplatz«. Zur Ortsmitte verlassen Sie den Westweg und gehen rechts hinunter.

Dobel – Forbach

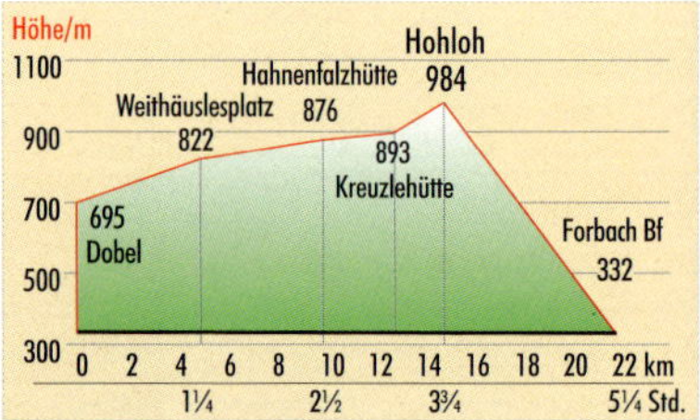

Ausgangspunkt: Dobel Am Eichplatz, Bus Post.
Zielpunkt: Bahnhof Forbach.
ÖPV unterwegs: Schwarzmiss.
Charakter: Großteils Höhenwanderung auf überwiegend festen Waldwegen, am Ende steiler Abstieg auf Serpentinenpfaden.
Einkehr/Übernachtung: Dobel, Forbach (JH Heinrich-Kastner-Haus, 2 km abseits Richtung Bermersbach). Unterwegs keine Einkehr.
Karte: KOMPASS Nr. 769.

Sie wandern auf dem Höhenrücken zwischen Enz und Murg. Mit dem Hohloh erreichen Sie den ersten Aussichtsberg. Durch Felsformationen geht es ins Murgtal hinab.

Von der Ortsmitte gehen Sie die Wildbader Straße hoch. Am Punkt »Am Eichplatz« treffen Sie auf den Westweg, der rechts in die Höhenstraße biegt. Vorbei am Wasserturm und am Gedenkstein »100 Jahre Westweg« halblinks in den Wald. Vorbei an zwei Hütten an einer Wiese. 300 m nach einer Kreuzung halbrechts in einen unbefestigten Weg, dann auf Splitt. Links in unbefestigten Weg, und vor Einmündung in Teerweg links in den Splitt belegten Althäuslesweg.

Nach knapp 2 km am Wegetreff **Weithäuslesplatz** (Hütte) schräg rechts den dritten rechten Weg nehmen (Hahnenfalzweg). Bei weiter Aussicht durch den oberen Hang des Geißbachtals, der Wald

Bei der Roten Lache fällt der Blick hinab ins Murgtal mit Gausbach (links), Bermersbach und Forbach.

ist hier im Dezember 1999 durch den Orkan Lothar weitgehend zerstört worden. Unten im Tal liegt Bad Herrenalb mit dem großen Kurhauskomplex. Am höchsten Punkt bleiben Sie auf der Höhe, indem Sie auf schmalem steinigem Weg weitergehen. Schließlich hinab zur **Hahnenfalzhütte** (Brunnen).

Links den Fahrweg aufwärts, der am Langmartskopf eine Kehre beschreibt. Am Ende rechts Richtung Kaltenbronn. Nach 2,5 km zur Kreuzlehütte an einer Wiese. In den zweiten, unbefestigten Weg rechts einbiegen. Einen Querweg schräg kreuzen und zum Moorge-

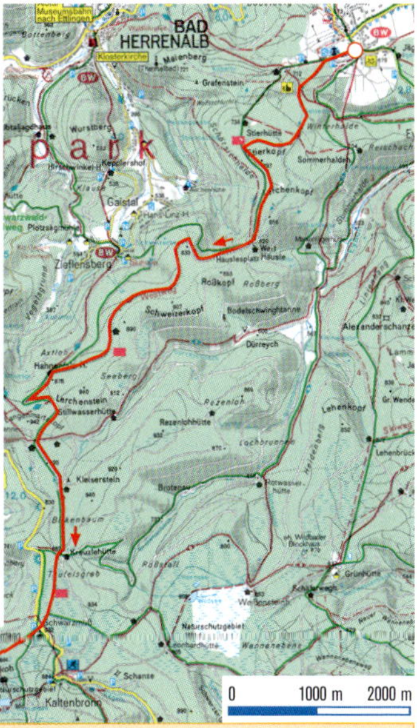

FORBACH

im Murgtal hatte früher Bedeutung für Flussfischer und Flößer und war Standort der badischen Murgschiffer. Die nach altem Vorbild von 1778 erbaute, überdachte Holzbrücke ist eine der größten ihrer Art.

biet Schwarzmiss an der Straße Gernsbach – Kaltenbronn. Kurz darauf ist der Kaiser-Wilhelm-Turm auf dem **Hohloh** erreicht (984 m, umfassende Aussicht).

Am Turm geradeaus, dann links in festen Weg. Von links stößt der Mittelweg dazu (rote Raute mit weißem Strich); West- und Mittelweg laufen 1 km gemeinsam bis zur Prinzenhütte. Hier biegt der Westweg nach rechts. Vor einer Hütte nach links und kurz darauf rechts hinunter. Bei Rechtskehre links auf Pfad zur Kanzel auf dem Latschigfelsen (Aussicht das Murgtal hinunter bis in die Rheinebene). Weiter auf einem Pfad mit Kreuzwegstationen steil durch den felsdurchsetzten Hang abwärts. Dann ein Stück auf einem Fahrweg, scharf rechts in Querweg und wieder scharf links. Noch zwei Kehren, dann ist **Gausbach** erreicht. Auf der Winterhardtstraße durch den Ort und links die B 462 entlang zum Bahnhof Forbach. Der Westweg bleibt zunächst diesseits der Murg und führt dann auf der überdachten Holzbrücke in den Ort.

3

Forbach – Mummelsee

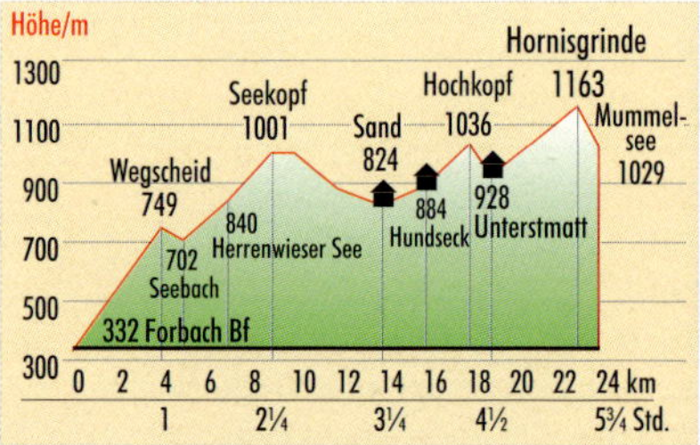

Ausgangspunkt: Bahnhof Forbach.
Zielpunkt: Mummelsee an der Schwarzwaldhochstraße (B 500), Bus.
ÖPV unterwegs: Bus Sand, Hundseck, Unterstmatt.
Charakter: Zunächst steiler Aufstieg auf Pfaden, dann Höhenwanderung mit Auf und Ab auf unterschiedlichen Wegen. Gesamtaufstieg 1200 Höhenmeter.
Einkehr/Übernachtung: Forbach (JH siehe Tour 2), NFH Badener Haus, Sand, Hundseck, Unterstmatt, Ochsenstall, Mummelsee.
Karte: KOMPASS Nr. 769.

Grinde und Karseen

Auf dem nördlichen Schwarzwald-Hauptkamm finden sich Hochmoore und Karseen. Die Grinden, wie die Moore genannt werden, haben keinen natürlichen Ursprung, sondern sind durch mittelalterliche Brandrodungen entstanden. Heute muss der Mensch wieder in die Natur eingreifen, um die erhaltenswerten Gebiete zu schützen, da der Wald sich sonst sein angestammtes Revier zurückerobert. Herrenwieser See und Mummelsee sind Karseen, Relikte der letzten Eiszeit. In den sauerstoffarmen, wegen des Torfuntergrunds sehr dunklen Seen gibt es keine Fische.

Zunächst gilt es, aus dem recht tief eingeschnittenen Murgtal auf den westlichen Höhenzug des Schwarzwalds aufzusteigen, dessen Kamm Sie dann folgen. Hier berühren Sie Hochmoorgebiete (Grinde) und Karseen.

Vom Bahnhof links die Murg entlang und auf der überdachten Brücke in den Ort. Die B 462 kreuzen, Klammstraße, links Marienstraße steil aufwärts zu Kapelle. Rechts in Waldweg, an Gabel rechts, dann scharf links hoch. Unterhalb von Pavillon scharf rechts aufwärts und mit Serpen-

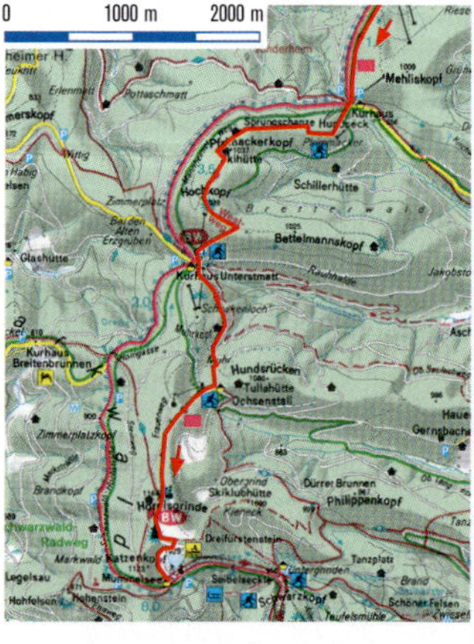

Der breite Rücken der Hornisgrinde trägt ein stimmungsvolles Hochmoor.

tinen ansteigen. Festen Weg schräg kreuzen (Blick über Forbach auf den Latschigfelsen). Einem weiteren festen Weg 200 m folgen, dann wieder auf steilen Pfad. Scharf links in Querweg und auf ebenen Fahrweg. Kurz vor Hütte (Wegetreff **Wegscheid**) links in Pfad.

An Fahrweggabel auf den rechten Weg und oberhalb der Schwarzenbachtalsperre zu Wegetreff am **Seebach**. Über den Bach und auf der linken Seite das Tal aufwärts. Dann links auf einen ansteigenden Weg und immer steiler zum **Herrenwieser See** hoch. Scharf rechts weiter aufwärts, dann scharf links mit felsigem Serpentinenpfad auf den **Seekopf** (1001 m).

Hier erinnert ein Gedenkstein an ***Philipp Bussemer***, einen der Schöpfer des Westwegs.

Auf jetzt besser gangbarem Weg zur Badener Höhe (Aussichtsturm) und mit zwei weiten Kehren abwärts zum Herrenwieser

Der Herrenwieser See ist einer der schönsten Karseen des Nordschwarzwalds.

Sattel. Auf diesem Weg weist ein Gedenkstein auf die Sturmschäden von 1990 hin; die meisten Zerstörungen hat jedoch der Orkan Lothar vom Dezember 1999 angerichtet. Am Sattel links ab und unterhalb am Naturfreundehaus »Badener Höhe« vorbei nach **Sand**.

Neben der Schwarzwaldhochstraße (B 500) wieder in den Wald und parallel zur Straße nach **Hundseck**. Die Querstraße kreuzen und neben Haus Hundseck auf den mittleren Weg.

Unter einem Skilift durch rechts aufwärts. Am Ende rechts mit einem Pfad auf den Kamm und dann links weiter. Geradeaus einen Schotterweg hoch und am Schild »Sackweg« links auf Pfad durch die Grinde des **Hochkopfs** (1036 m). Abwärts auf mit Steinen ausgelegtem Weg wieder in den Wald und rechts versetzt geradeaus nach **Unterstmatt**.

Links am Hotel vorbei und neben der Skiliftstation auf einen Pfad. Geradeaus auf Hans-Reymann-Weg neben einem tosendem Bach aufwärts. Links in Querweg, bald wieder rechts und links zum Wanderheim Ochsenstall.

Vor dem Haus rechts, hinter Schranke rechts hoch und auf breitem Weg steil aufwärts. Dann links mit steinigem Pfad auf die **Hornisgrinde** (1136 m). Vorbei an Hütte und Sendeturm die

Der Winterorkan »Lothar« hat auf der Badener Höhe für eine überragende Aussicht gesorgt – ohne dass man dazu den Turm besteigen muss.

Richtung beibehalten und auf mit Steinen ausgelegtem Weg über das Gipfelplateau.
Rechts auf Teerweg durch ehemalige militärische Anlagen. Hinter der Einfahrt scharf rechts ab und durch den Hang zum **Mummelsee** hinunter.
Am Hotel schwenkt der Westweg nach links.

4

Mummelsee – Alexanderschanze

Ausgangspunkt: Mummelsee an der Schwarzwaldhochstraße (B 500), Bus.
Zielpunkt: Alexanderschanze an B 28 /Schwarzwaldhochstraße (B 500), Bus.
ÖPV unterwegs: Bus Seibelseckle, Ruhestein, Schliffkopf, Zuflucht.
Charakter: Höhenwanderung, teils offenes Gelände, teils durch Wald.
Einkehr/Übernachtung: Mummelsee, Seibelseckle (nur E), Darmstädter Hütte, Ruhestein (nur E), Schliffkopf, JH Zuflucht (nur Ü), Alexanderschanze, Kniebis (2 km abseits).
Karte: KOMPASS Nr. 769.

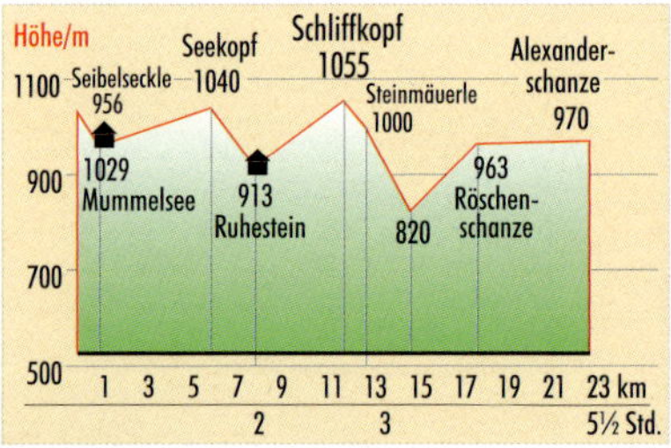

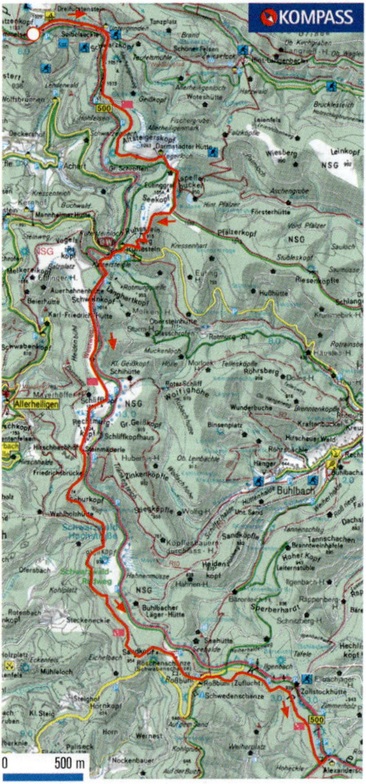

Weiterhin folgt der Westweg dem nördlichen Schwarzwald-Hauptkamm. Auf dieser Etappe gibt es mehr offene Abschnitte. Vom Hotel aus kurz am Ufer des **Mummelsees** entlang und dann rechts auf dem 1995 eingerichteten Kunstpfad zur modernen Michaelskapelle. Auf Pfad oberhalb der Straße zu Fahrweg und hinab zum **Seibelseckle**. Links neben der Skiliftstation auf einen Fahrweg. Im freien Hang allmählich aufwärts, wieder im geschlossenen Wald zu einem Skilift und links zur Darmstädter Hütte.
Nach rechts biegen, jetzt eben durch Grinde mit Krüppelkiefern. An Wegetreff rechts ab auf den **Seekopf** (1040 m).
Mit Links-/Rechtsknick zu Eutinggrab und Wildsee-Blick, der See liegt fast senkrecht 130 m tiefer. Durch Grinde, dann zwischen Ski-Einrichtungen in wei-

Der Mummelsee: ein Karsee in der Südflanke der Hornisgrinde.

ten Schleifen hinunter nach **Ruhestein** (Naturschutzzentrum, Naturpark-Haus). Am Bushalt halblinks auf einen ansteigenden Weg. Bald links auf Pfad, ein Stück die Skischneise hoch und auf Querweg links zur Sprungschanze. Rechts halten und die Schwarzwaldhochstraße überqueren. Links einen Schotterweg aufwärts, der in einen Pfad übergeht. Ein breiter Weg wird nur kurz berührt, dann an Gabel links und über Hübscher Platz, Kleiner Gaiskopf und an einem Denkmal vorbei zum Gipfel des **Schliffkopfs** (1055 m). Bei klarem Wetter Aussicht bis zu den Alpen.

Nach links schwenken, das Hotel bleibt links liegen, und abwärts zum **Steinmäuerle**. Links in den Fahrweg und an der Hotelzufahrt rechts auf einen schmalen Pfad, der in einen Waldweg übergeht. An einer Hütte geradeaus, dann links den zweiten Weg aufwärts. Etwa 1,5 km durch den offenen Hang, der Wald ist weitgehend Orkan Lothar zum Opfer gefallen. Schließlich ein Stück durch geschlossenen Wald und in Moorgebiet auf Teerweg. In Linksschwenk rechts ab auf steinigem Weg zur **Röschenschanze** hoch.

Links an Skiliftkopf vorbei und hinter Schranke halblinks zur JH Zuflucht.

Links auf die Straße, rechts auf Fuß-/Radweg in den Wald und bald rechts in einen Schotterweg. An Wegetreff halblinks auf »Alter Höhenweg«, wenig später links auf unbefestigtem Weg zur **Alexanderschanze**. Der Westweg kreuzt die B 28 zwischen Hotel und Straßenmeisterei. Wenn Sie in das etwa 2 km entfernte Kniebis möchten, folgen Sie vor dem Hotel rechts dem Verbindungsweg (blaue Raute mit weißem Strich).

Schwarzwaldhochstrasse

Die Schwarzwaldhochstraße (B 500) wurde 1930 aus militärischen Gründen angelegt. Heute gilt sie als eine der schönsten Ferienstraßen Deutschlands. Sommers wie winters schafft sie dem automobilen Massentourismus Bahn. Den Wanderer beschleichen gemischte Gefühle. Einesteils nutzt er die touristischen Einrichtungen, andererseits spürt er, dass die Grenzen der Belastbarkeit der Landschaft erreicht sind. Infos im Naturschutzzentrum Ruhestein (außer montags und freitags).

Alexanderschanze – Hausach

Ausgangspunkt: Alexanderschanze an B 28/Schwarzwaldhochstraße (B 500), Bus.
Zielpunkt: Bahnhof Hausach.
ÖPV unterwegs: Keine Anbindung.
Charakter: Weite einsame Waldwanderung abseits von Ortschaften und Verkehr, großteils auf unbefestigten Wegen.
Einkehr/Übernachtung: Kniebis (2 km abseits), Alexanderschanze, Harkhof, Kreuzsattel (nur E sonntags), Brandenkopf (Variante), Käppelehof (abseits), Hausach.
Karten: KOMPASS Nr. 769 und 770.

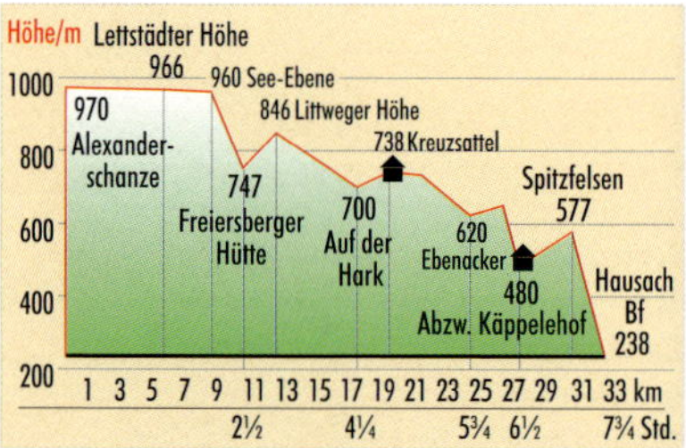

Diese relativ lange Etappe kann mit Übernachtung im Harkhof oder auf dem Brandenkopf unterbrochen werden. Es gibt aber unterwegs keine Verkehrsanbindung. Sie wandern nahezu die ganze Strecke durch Wald. Zum Schluss erfolgt der Abstieg ins Kinzigtal. Die Hauptroute des Westwegs berührt den Brandenkopf nicht; hierhin führt eine ebenfalls mit der roten Raute markierte, 6 km längere Variante.

Vom Parkplatz an der B 28 zwischen Hotel und Straßenmeisterei geht es halblinks in den Wald. Auf unbefestigtem Weg abwärts, Querweg schräg kreuzen und wieder zur B 28. Vor der Straße links auf »Neuer Höhenweg«.

Nach etwa 3 km (Aussicht ins Renchtal) links ab in weiteren Splittweg und gleich wieder rechts zur Hildahütte.

Geradeaus, dann einen Fahrweg kreuzen und auf die **Lettstädter Höhe** (966 m). Bei einer Hütte links ab und geradeaus durch eine Senke, dabei wird kurz ein Schotterweg benutzt. Bei altem Grenzstein rechts hinunter zum Wegetreff auf der **See-Ebene**. Geradeaus auf Weg mit rotem Belag und bald darauf nach rechts. Ein kurzes Stück auf einem Fahrweg, dann geradeaus abwärts und steil hinunter zwei Querwege schräg kreuzend vorbei am Juliusbrunnen

Hausach: Blick von der Burg.

Blick von der Lettstädter Höhe auf das Renchtal.

zur **Freiersberger Hütte**. Auf der anderen Straßenseite in den linken Fahrweg und 2 km bequem aufwärts zum Wegetreff auf der **Littweger Höhe** (Hütte). Hier kreuzt der Querweg Gengenbach – Alpirsbach (blaue Raute auf gelbem Grund). Geradeaus auf den Herbensattelweg, der schließlich abwärts zu einem Fahrweg führt. Sie erreichen am Waldrand den Punkt »**Auf der Hark**«. Etwas unterhalb liegt der Harkhof.

Oberhalb des Hofs durch den Wiesenhang. Am Waldrand zunächst links, dann rechts auf schmalem Weg in den Wald. Querweg kreuzen, dann einen Fahrweg kurz links benutzen und auf schmalem Weg im Hang weiter aufwärts zu Fahrwegkehre. Auf dem unteren Ast zum **Kreuzsattel** (Hütte sonntags bewirtschaftet).

Geradeaus über den Wegetreff und rechts in Teerweg. Wo dieser rechts biegt, teilt sich der Westweg. Weiter dem Teerweg folgend zweigt die Brandenkopf-Variante ab (*siehe Kasten S. 35*). Die Hauptroute läuft geradeaus einen unbefestigten Weg hoch. An Gabel links, bald auf Pfad. Schließlich abwärts zum Hirzwasen, hier mündet die Variante wieder ein. Es geht geradeaus weiter, gleichlaufend mit dem Hansjakob-Weg (weiße Raute mit Hut), vorbei an einem Holzkreuz. Der Weg läuft – teils als Pfad – 2,5 km insgesamt abwärts zur Waldwiese beim Ebenacker. Geradeaus und über Kuppe hinweg zu breitem Fahrweg, kurz darauf an Gabel links. Auf dem Hauptweg bleibend über den Hohenlochen zuletzt abwärts zur Hohenlochenhütte (Quelle, Aussichtspunkt). Mit Serpentinen abwärts, dann

KOMPASS
Langhardle
Langhard
Löcherberg
Roßbach
Hermersberg
Im brennten Wald
Teufelstein
Im Wasserloch
Hahnenkopf
Littweger Höhe
Gr. Hundskopf
Europäischer Fernwanderweg
Kl. Hundskopf
Königswald
Beim Otterstein
Herbensattel
Waltersbach
Wickersbach
Jausch-bach
Frickenberg
Heerde
Langenbach
Zuwald
Beim Kreuz
Grommet
Hahnenkopf
Watterecke
Schnurrhapel
Elmle
Auf dem Moos
Hackershof
Romaneshof
Schimmelbühl
Bottenbach
Ottenbach
Holdersbach
Schöne Platz
Vorriersbach
Erwag
Mißlinke
Holzhack
Schoneck
Hint.-Rankach
Graugat
Neuhof
Stefesbauernhof
Hasenhaus
Auf der Höck
Im Riersbach
Rotebühl
Finkkopf
Großdistehof
Tännle
Moosbauernhof
eh. Grube Klara
Hermeshof
Weißensteinbühl
Landelshof
Bonathchristehof
Bei St. Galle
Ob. Wendelshof
Hackerchristeshof
Oberharmersbach
Hörnkopf
Kurzenbach
Rankach
Meisengründl
Streckfeld
Isenmannshof
Kappelebauernhof
Fegerskopfle
Schrempphof
Rubersberg
Regeleskopf
Kütschle
Disemichelshof
Uhlbauernhof
Waldhäuser
Maiershof
Rutschle
Burgershof
Klausseppehof
Battengott
Kohlbühl
Kreuzsattel
Hartershof
Wassereck
Wiesekuretshof
Vord.-Rankach
Erzenbach
Valentinhof
Rankachmühle
Allmendgrund
Gersmatte
Reihers-kopf
Europäischer
Wildbrach
Martinhansenhof
Schillingerklausehof
Unterwasser
Thesenhof
Bühlhof
Gelbach
Traufenwald
Hansebauernhof
Lorenzesbauernhof
Billersberg
Durben
Bei der Walke
Weberbauernhof
Schillingershof
Kesselberg
Bettelfrau
Steigleskopf
Oberholzwälderhof
Jungbauernhof
Ru. Walkenstein
Echle
Schillingerbascheshof
Ob der Steig
Hermeshof
Panorama
Hahnenstein
Brandenkopf
Kohlgrube
Stettenbühl
Ventarehof
Schulershof
Schmiedekarleshof
Paulishof
eh. Grube „Erzengel Gabriel"
Wanderheim
Sonnenhalde
(unbewirtschaftet)
Burzbühl
Kluse
Fernwanderweg Nr. 1
Steinwäldle
Bonathjörgenhof
Hollengrund
Hartershof
Fegershof
Vor Gelbach
Ballenkopf
Waldkopf
Lachenberg
Lachebauernhof
Schrannen
Schrannebauernhof
Schlangenfelsen
Auf der Gumm
Schillingershof
Hintertal
Michelshof
Echleshof
Schulerjörgenhof
Lehmannshof
Hinkelstein
Rautsch
Deckershof
Frohnbach
Oberwolfach
Andersbach
Bergbauernhof
Zachershof
Grünach
Katzenkopf
Karleshof
Jörchenhof
Winterberg
Bei der Kirche
Bornhoshof
Resishof
Hausach-Einbach
Erlez
Stampfershof
Wölfleshof
Am Kirchberg
Hofbrücke
Neuen-stein
Burggraben
Habersberg
Spenleshof
Erlezberg
Hohenlochenhof
Hackerjockeleshof
Ru. Wolfach
Lachebauernhof
Hohenlochen
Erdebauernhof
Allmend
Hasenbauer
Buchwald
Löchlemaiershof
Hasenkopf
Käppelehof
Rumeshof
Vorstadtberg
Butzenberg
Butzenberg-bach
Simlishof
Vollmershof
Wendelinkap.
Happach
Wolfsberg
Heimatmuseum
Vord. Benzenhof
Breithauptenhof
Osterbach
Andersbachle
Kohlenhäusle
Rumersbauernhof
Ebenacker
Armbrustershof
Benzenhof
Altstadt
Turm
Vettereshof
Vordertal
Teufelstein
Hotberg
WOLFACH
Pfaffenberge
Kopflefelsen
Gechbach
Spitzfelsen
Vordersberghof
Basilisbühl
Kuretsbauernhof
Schanze
Ob. Säge
St. Jakob Kap.
Unt. Säge
Waldlehrpfad
Hinterhof
Untererhof
Siechenwald
Rappenfelsen
Riegelsberg
Vordertal
Schmittegrund
0
1000 m

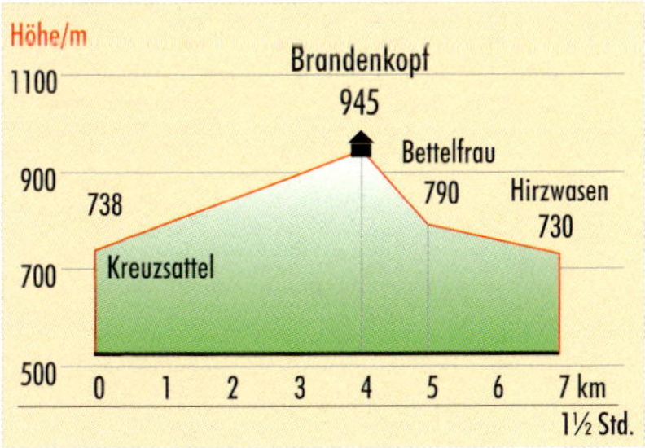

auf breitem Fahrweg zum Waldrand. Rechts in die Wiesen hinunter und scharf links ab (geradeaus Abstecher zum **Gasthaus Käppelehof**).

Wieder in den Wald und breiten Fahrweg kreuzen. Kurz darauf links auf Pfad zum Weißen Kreuz. Nach Linksschwenk rechts ab und zunächst geradeaus, dann rechts/links dem Waldrand folgen. Geradeaus hoch in den Wald (Hansjakob-Weg nach Wolfach zweigt ab). Auf der Höhe nach rechts schwenken und vorbei an Sender auf den Spitzfelsen (Hütte). Auf schmalem Pfad rechts vom Gipfel steil abwärts. Dann auf Waldweg, scharf links in Querweg und wieder rechts in Serpentinenpfad. Am Ende scharf rechts in Fahrweg, dann auf Pfad neben kleinem Bach steil abwärts ins Kinzigtal zur B 294. Entlang der Straße über den Fluss, geradeaus unter der Schnellstraße durch und links ab nach **Hausach**. Bald ist der Bahnhof erreicht.

Brandenkopf-Variante:

Die Variante folgt der Rechtsbiegung des vom Kreuzsattel kommenden Teerwegs, dann rechts ab in den nächsten Weg. An Gabel links ansteigen, an der Steigle-Hütte wieder den Teerweg kreuzen und den Fahrlehenkopfweg hoch. An zwei Gabeln auf den oberen Weg, gemeinsam mit Hansjakob-Weg (weiße Raute mit Hut). Scharf links hoch in Fußweg und auf Teer rechts auf den Brandenkopf (945 m). Neben dem Aussichtsturm rechts einen steinigen Weg hinunter und links in Waldweg. Abwärts, zuletzt auf Fahrweg, zum Wegetreff Bettelfrau. Auf dem rechten Fahrweg zum Hirzwasen. Hier vereingt sich die Variante wieder mit der Hauptroute. Sie verlassen den Fahrweg in der Kehre nach links und gehen halbrechts weiter.

6

Hausach – Wilhelmshöhe

Ausgangspunkt: Bahnhof Hausach.
Zielpunkt: Wilhelmshöhe an Straße Schonach – Prechtal, Bus nur samstags und sonntags (tägl. ab Schonach Triberger Straße, 2,5 km abseits).
ÖPV unterwegs: Keine Anbindung.
Charakter: Zunächst steiler Aufstieg, dann Höhenwanderung mit steilen Passagen, überwiegend Pfade und unbefestigte Wege.
Einkehr/Übernachtung: Hausach, Karlstein (abseits), Rensberg (nur E), Silberberg, Wilhelmshöhe, Schonach (2,5 km abseits).
Karte: KOMPASS Nr. 770.

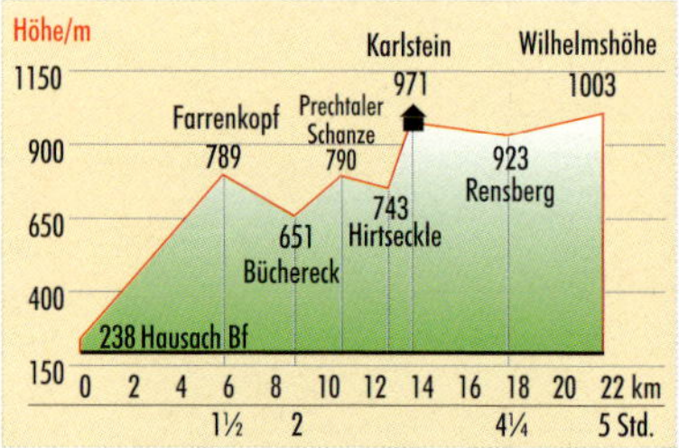

Zunächst haben Sie den steilen Aufstieg aus dem Kinzigtal zu bewältigen, dann laufen Sie auf und ab durch die zerklüfteten Waldhöhen zwischen Kinzig, Elz und Gutach. Schließlich geht die Landschaft in die wellige Hochfläche des Mittelschwarzwalds über.
Vom Bahnhof aus wenden Sie sich nach links. Unter der Bahn durch und geradeaus durch das Stadtzentrum. Gegenüber der Straße nach Fischerbach halblinks in die Kreuzbergstraße und sofort scharf

Rast am Huberfelsen hoch über Oberprechtal (Elztal).

links einen Zickzackpfad zur Burg Husen hoch. Am Sattel unterhalb des Bergfrieds auf den zweiten linken Pfad. Steil aufwärts zu Fahrweg und zu einem Rastplatz mit radförmigem Kreuz. Weiter auf Serpentinenpfad, schließlich auf Fahrweg oberhalb von Gehöft aus dem Wald. In derselben Höhe auf Pfad durch den anschließenden Waldhang zu Lichtung mit Unterstand. Weiter auf Waldweg, neben breitem Fahrweg geradeaus hoch und mit sehr steilem Aufstieg mühsam auf den **Farrenkopf** (789 m, Hütte). Über den Gipfel hinweg wieder steil abwärts. Bei kleiner Lichtung auf Pfad, kurz steil hoch und auf breitem Weg über eine Kuppe. An Gabel auf den rechten Weg, kurz darauf links in schmalen Pfad und aufwärts durch den Hang des Scharrenkopfs (Blick ins Gutachtal). Steil hinunter zu Kreuzung, geradeaus auf Pfad. Kurz steil hoch zu einer Schanze und vorbei an Hütte zum **Büchereck** an der Straße Gutach – Prechtal.

Jenseits auf den mittleren, ansteigenden Weg. Steil aufwärts, später auf Pfad, unweit an Schanze vorbei, zu Waldweg (Blick ins Elztal). An Fahrwegkehre auf dem linken Ast weiter, gemeinsam mit Querweg Lahr – Rottweil (rot-blaue Raute auf gelbem Grund). Sie passieren alte Befestigungen: die Schanze Auf der Hirschlachen, die »Linie« und die noch besonders ausgeprägte **Prechtaler Schanze**. Am Ende nach links schwenken, dann rechts ab und im Buchengebüsch der Linie abwärts. Rechts in

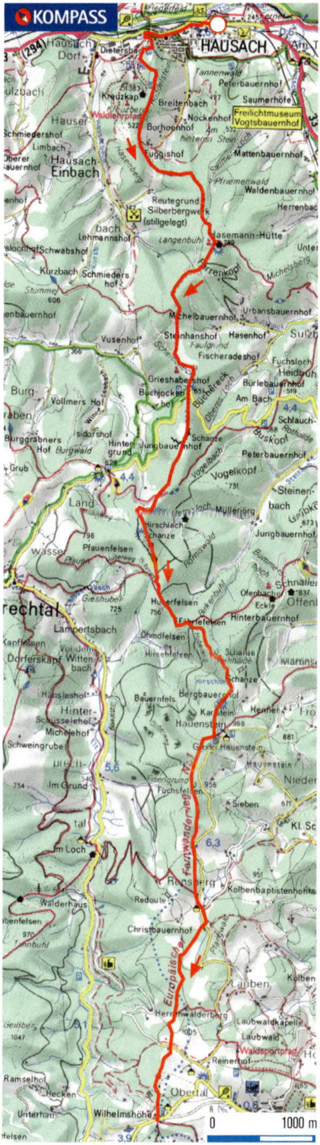

In Stein gemeißelt:
Die Erinnerungstafel an Herzog Karl Eugen auf dem nach ihm benannten Karlstein.

Fahrweg und am Huberfelsen geradeaus. Am Wegetreff **Hirtseckle** zunächst geradeaus oberhalb des Fahrwegs, dann rechts steil hoch (Trennung vom Querweg). Später ein Stück auf Fahrweg, den rechts schwenkenden Weg geradeaus verlassen und gleich rechts ab steil auf den **Karlstein** (971 m) hoch. Rechts neben dem Gipfel einen felsigen Pfad hinunter und geradeaus auf Waldweg. Bald lockt links das Gasthaus »Schöne Aussicht« zu einem kurzen Abstecher.

Geradeaus zum Waldrand und rechts einbiegen. An Lichtung Fahrweg kreuzen und 2 km auf Waldwegen parallel zur Straße. Außerhalb des Waldes auf der Straße weiter, vorbei am **Gasthaus Rensberg**.

Vor Holzhaus rechts ab und kurz im Hang steil hoch. Vorbei an ei-

Schanzen

Im Zuge des Westwegs stoßen Sie im Nord- und Mittelschwarzwald mehrfach auf alte militärische Befestigungen, die aus verschiedenen Auseinandersetzungen zwischen Truppen des Deutschen Reichs und Frankreichs stammen. Die noch gut sichtbare Röschenschanze (siehe Tour 4) wurde 1794–96 angelegt, die Alexanderschanze 1734. Am besten erhalten ist aber die Prechtaler Schanze zwischen Elz- und Gutachtal mit Resten alter Stellungen. Dazu gehört auch die so genannte Linie, ein Befestigungswerk aus dicht gepflanztem Buchengebüsch und einem Graben.

Der Huberfelsen zählt zu den schönsten Aussichtspunkten des mittleren Schwarzwalds.

nem alten Torbogen und am jenseitigen Waldrand links auf Fahrweg zum Haus Silberberg. Links hoch zum Gummelehof. Geradeaus auf den Lukas-Kuner-Weg. Links unterhalb in der Talmulde liegt Schonach, der Westweg bleibt oberhalb des Orts auf dem Fahrweg zur **Wilhelmshöhe**. Wenn Sie nach Schonach weitergehen möchten, folgen Sie von hier dem markierten Verbindungsweg (blaue Raute mit weißem Strich).

7

Wilhelmshöhe – Neueck

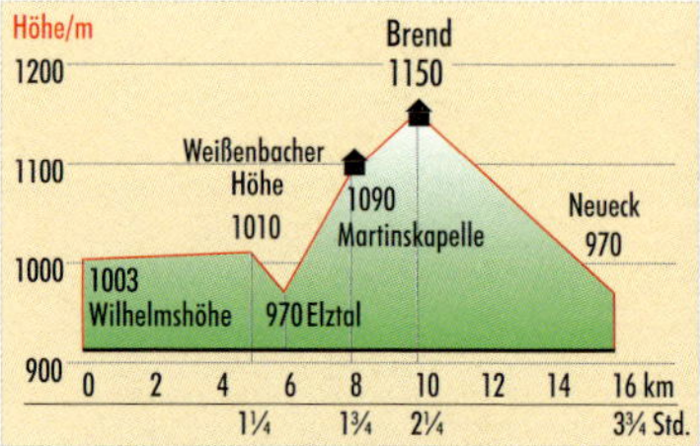

Ausgangspunkt: Wilhelmshöhe an Straße Schonach – Prechtal, Bus nur samstags und sonntags (täglich bis Schonach Triberger Straße, 2,5 km abseits).
Zielpunkt: Neueck an Straße Furtwangen – Hinterzarten (B 500)/Gutach, Bus.
ÖPV unterwegs: Keine Anbindung.
Charakter: Leicht, ohne große Höhenunterschiede auf überwiegend festen Wegen.
Einkehr/Übernachtung: Schonach (2,5 km abseits), Wilhelmshöhe, Martinskapelle, Brend (NFH), Alte Eck, Neueck, Furtwangen (3 km abseits).
Karte: KOMPASS Nr. 770.

Wenn Sie ab dem Feldberg auf der Ostroute des Westwegs weiterwandern wollen, beachten Sie den Hinweis zu Etappe 13 (S. 56). Der Weg verläuft in diesem und im folgenden Abschnitt über die hügelige Hochfläche des Mittelschwarzwalds entlang der kontinentalen Wasserscheide. Der Wald ist häufig durch bäuerliches Kulturland aufgelockert.
Gegenüber dem Gasthaus auf Holzbohlen durch sumpfiges Gelände, dann wenige Meter auf Teer und rechts in Waldfahrweg. An Kreuzung in Waldrandnähe rechts ab. Durch einen sumpfigen Talgrund und an einem Teich rechts in die Turntalstraße. Am Waldrand auf dem Teerweg bleiben (links abseits das NSG Blindensee). An Gabel links, dann in Linksbiegung geradeaus auf unbefestigten Weg und im Wald eine Leitung entlang. Am jenseitigen Waldrand links zur **Weißenbacher Höhe** (Hütte).
Rechts hinunter den Waldrand entlang in den Talgrund der

Am Briglirain unterhalb der Wilhelmshöhe liegen die Wasserscheide Elz/Breg und somit Rhein/Donau.

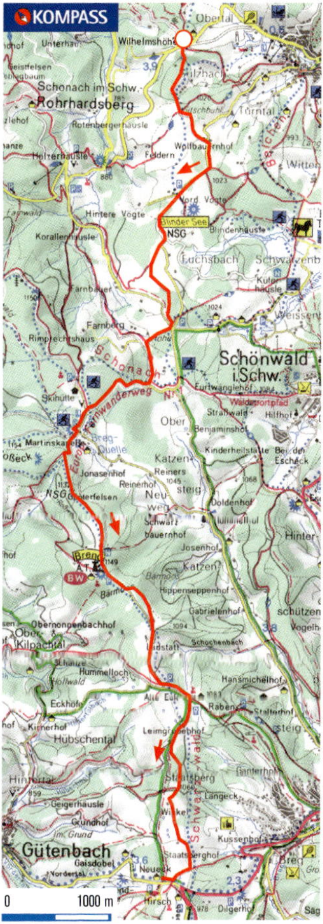

Elz. Scharf links ab, dann wieder scharf rechts hoch. Ansteigend an der Elzquelle vorbei zum **Gasthaus Martinskapelle**. Im Linksbogen auf dem Teerweg bleiben und am Scheitelpunkt, hier verläuft die Wasserscheide, rechts ab. Geradeaus kurzer Abstecher zur Kapelle und zur Bregquelle (rechts unterhalb beim Kolmenhof). Zunächst auf dem ausgebauten Weg bleiben, vorbei am Kolmen-Kreuz, dann rechts in unbefestigten Weg und links zum Günterfelsen. Wieder links zum Fahrweg hinunter und am Naturfreundehaus vorbei auf den **Brend** (1150 m). Hotel und Aussichtsturm liegen rechts des Wegs.

Kurz die Straße hinunter, dann auf einen Parallelweg. Schließlich wieder auf der Straße, beim Alte Eck links in Querstraße, kurz durch Wald, dann rechts ab (geradeaus Gasthaus). Vorbei an Hof und an Kreuzung im Wald links ab.

Schließlich weiter abwärts in offenes Gelände und geradeaus hoch zur jenseitigen Waldecke. Hier trifft der Westweg auf den Querweg Schwarzwald-Kaiserstuhl-Rhein (rote Raute auf gelbem Grund). Wer in das nahe gelegene Furtwangen möchte, folgt dieser Markierung nach links.

Der Westweg läuft gemeinsam mit dem Querweg rechts hinunter auf Wiesenweg durch den Talgrund zum **Neueck**. Unter der Straße durch und links zum Gasthaus.

Bregquelle

Unterhalb der Martinskapelle von 1272 entspringt die Breg, die sich mit der bei St. Georgen beginnenden Brigach nahe Donaueschingen zur Donau vereinigt. Die Frage, wo der (Besucher anziehende) Donauursprung ist, wurde bereits im 16. Jh. diskutiert. Die Bregquelle ist die mündungsfernste Quelle. Oberhalb davon verläuft die kontinentale Wasserscheide Nordsee – Schwarzes Meer.

8

Neueck – Titisee

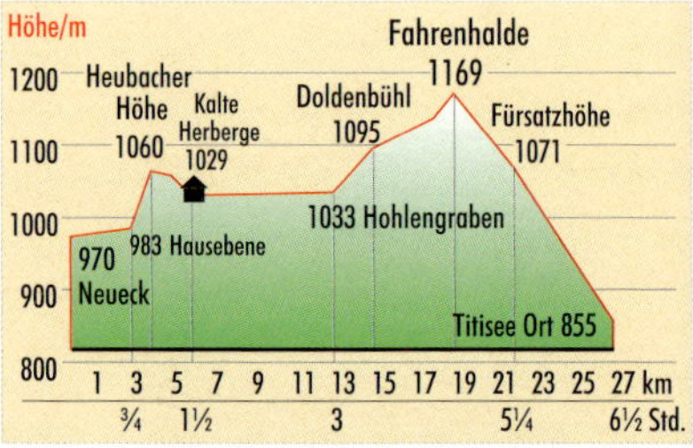

Ausgangspunkt: Neueck an der Straße Furtwangen - Hinterzarten (B 500)/Gutach, Bus.
Zielpunkt: Titisee Seestraße, nahe Bahnhof.
ÖPV unterwegs: Bus montags - freitags Schweizerhof, Hohlengraben.
Charakter: Unterschiedliche Wege vom Pfad bis zum Fahrweg. Keine großen Steigungen, jedoch kurze Steilstrecken, am Schluss längerer Abstieg.
Einkehr/Übernachtung: Furtwangen (3 km abseits), Neueck, Kalte Herberge, Lachenhäusle (nur E), Schweizerhof (nur E), Hohlengraben, Thurner (abseits), Berghäusle, Titisee (JH Veltishof siehe Tour 9).
Karten: KOMPASS Nr. 770 und 771.

Die teils offene, teils bewaldete, hochgelegene Hügellandschaft des Mittelschwarzwalds setzt sich auf dieser Etappe fort.
Beim Gasthaus Hirschen auf den Teerweg neben die B 500, die Stichstraße nach Neukirch queren und bis zum oberen Ortsende parallel zur Bundesstraße. Die Schwarzwaldstraße kreuzen und auf breiter Brücke über die B 500. Auf dem linken Weg in den Wald

Waldau im Langenordnachtal unterhalb des Westwegs.

Blick vom Thurner, einem beliebten Westwegetappenpunkt, zum Kandel.

und im weiten Bogen in den Talgrund zur **Hausebene**.
Unter der Straßenbrücke durch, links ein kleines Wiesental hoch, aber gleich rechts aufwärts in den Wald. Links in breiten Weg und auf der **Heubacher Höhe** wieder in Straßennähe. Jetzt gemeinsam mit dem von links kommenden Mittelweg (rote Raute mit weißem Strich) weiter in Straßennähe bleiben, bald auf schmalem Pfad, bald auf Waldwegen. Vorbei am Hohlen Bildstöckle schließlich zu einem Fahrweg. An Gabel rechts und sofort links in einen unbefestigten Weg, dann im weiten Bogen zur **Kalten Herberge**, das letzte Stück auf Straße.
Ein Stück die B 500 entlang und auf die andere Seite wechseln. An der Waldecke trennen sich die Wege, der Westweg geht geradeaus in den Wald hoch und verläuft dann oberhalb der Straße. Bei Steinhäuschen halblinks abwärts, an Waldecke rechts auf Pfad und schließlich unmittelbar die Straße entlang zum Lachenhäusle. Gegenüber dem Gasthaus auf Pfad in die Böschung, dann auf fallenden Fahrweg und auf Pfad zum Waldrand. Wieder zur B 500, die jetzt überquert wird.
Auf den Teerweg Richtung Ruheckle und scharf rechts in den Weg Glashöfe. Neben Wäldchen links breiten Schotterweg abwärts, im Wald rechts und sofort halblinks auf unbefestigten Weg. Links auf Teerweg wieder an die Straße (auf der anderen Seite das Gasthaus Schweizerhof). Diesseits bleiben und rechts in den eine weite Kehre beschreibenden Lehwaldweg. Schließlich links die Wiese hoch zum **Hohlengraben** (Gasthaus Zum Kreuz). Am Wald-

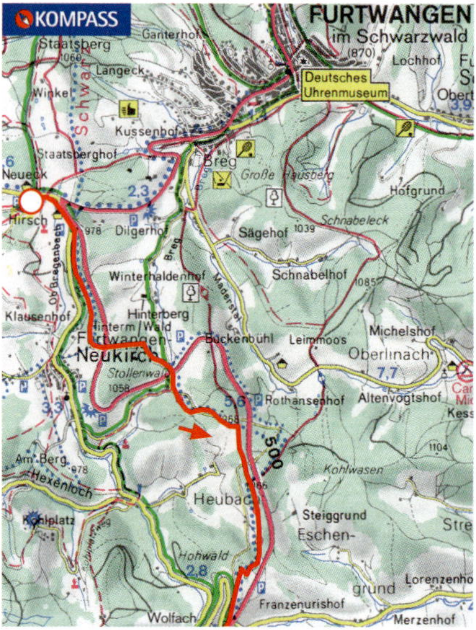

rand aufwärts zur Türkenlouisschanze. Scharf links letztmals zur B 500. Auf der anderen Seite rechts in Teerweg und nach Doppelknick rechts in Waldweg. Skilift kreuzen, scharf rechts ab und den Waldrand entlang um den **Doldenbühl** zu einem Fahrweg (500 m rechts Thurner, mehrere Gasthäuser und Hotels).

Am Waldrand bleiben, jetzt auf festem Weg, dann in den Wald. Vor dem jenseitigen Ende halblinks in schmalen Weg. Rechts mit dem zweiten Querweg in die Wiesen ansteigen und auf der Höhe links ab über die **Fahrenhalde**. An Eisenkreuz kurz links auf Fahrweg, dann auf unbefestigtem Weg in den Wald. Noch ein kurzes Stück auf Fahrweg, am Waldrand rechts ab und diesem Weg 1,5 km bis zur **Fürsatzhöhe** folgen.

Am Strommast halbrechts in Waldweg. Am Waldrand links zum Wanderheim Berghäusle. Dann steil abwärts, schließlich auf windungsreichem Wirtschaftsweg vorbei am Geigershof in den Talgrund hinab. Auf Fußweg neben den Bach und unter der Umgehungsstraße durch nach **Titisee**. Rechts durch Bahnunterführung, links, vorbei an Kirche und Kurhaus zur Seestraße und in die Fußgängerzone. Zum Bahnhof kurz links und rechts in die Parkstraße.

Titisee.

Bild S. 45 oben: Morgennebel im Tal.

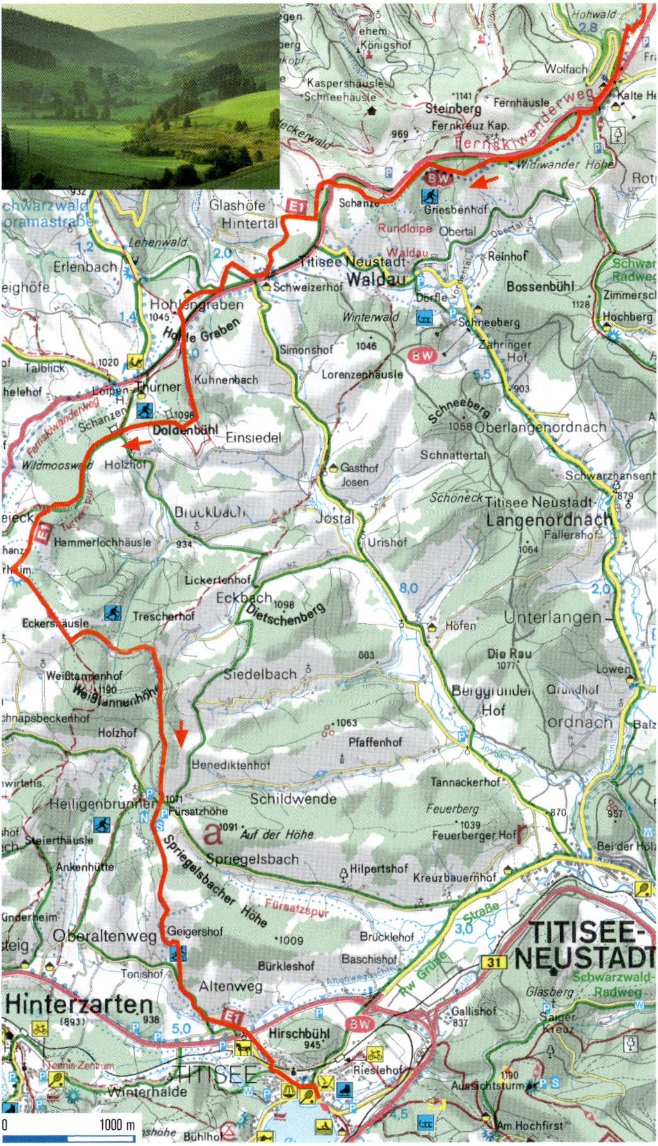

Steinberg
Fernhäusle
Fernkreuz Kap.
Fernskiwanderweg
Wolfach
Kalte He
Hohwald
Königshof
Kaspershäusle
Schneehäusle
Widiwander Höhe
Griesbenhof
Schanze
Rundloipe
Obertal
Glashöfe
Hintertal
Lehenwald
Erlenbach
Titisee Neustadt-Waldau
Schweizerhof
Reinhof
Bossenbühl
Zimmerschl
Hochberg
Dörfle
Winterwald
Schneeberg
Zähringer Hof
Hohlengraben
Hohle Graben
Simonshof
Lorenzenhäusle
Talblick
Thurner
Kuhnenbach
Schanzen
Doldenbühl
Einsiedel
Oberlangenordnach
Schnattertal
Wildmoosweg
Holzhof
Gasthof Josen
Schwarzhansenhof
Schöneck
Titisee Neustadt-Langenordnach
Fallershof
Bruckbach
Jostal
Urishof
Hammerlochhäusle
Turnerspur
Lickertenhof
Eckbach
Dietschenberg
Unterlangen
Eckershäusle
Trescherhof
Höfen
Die Rau
Weißtannenhof
Weißtannenhöhe
Siedelbach
Löwen
Berggrunder Hof
Grundhof
Schnapsbeckenhof
Holzhof
Pfaffenhof
Benediktenhof
Tannackerhof
Heiligenbrunnen
Fürsatzhöhe
Schildwende
Feuerberg
Feuerberger Hof
Steierthäusle
Auf der Höhe
Spriegelsbach
Spriegelsbacher Höhe
Hilpertshof
Kreuzbauernhof
Bei der Hölz
Ankenhütte
Fürsatzspur
Kinderheim
Oberaltenweg
Geigershof
Brücklehof
Straße
TITISEE-NEUSTADT
Baschishof
Bürkleshof
Tonishof
Altenweg
Schwarzwald-Radweg
Glasberg
Hinterzarten
Hirschbühl
Gallishof
Saiger Kreuz
Tennis-Zentrum
TITISEE
Rieslehof
Aussichtsturm
Winterhalde
Bühlhof
Am Hochfirst
0
1000 m

9

Westroute: Titisee – Notschrei

Ausgangspunkt: Titisee Seestraße, nahe Bahnhof.
Zielpunkt: Notschrei an Straße Freiburg / Kirchzarten - Todtnau, Bus.
ÖPV unterwegs: Bahn Feldberg-Bärental, Bus Caritas-Haus, Feldberger Hof.
Charakter: Zunächst lang gezogener Aufstieg (1000 Höhenmeter) mit steilen Abschnitten, dann Höhenwanderung. Überwiegend feste Wege.
Einkehr/Übernachtung: Titisee, Seewaldstube (nur E), JH Veltishof (abseits), Bärental, Feldberger Hof (JH Hebelhof abseits, siehe Tour 13), Stübenwasen, Notschrei.
Karte: KOMPASS Nr. 771.

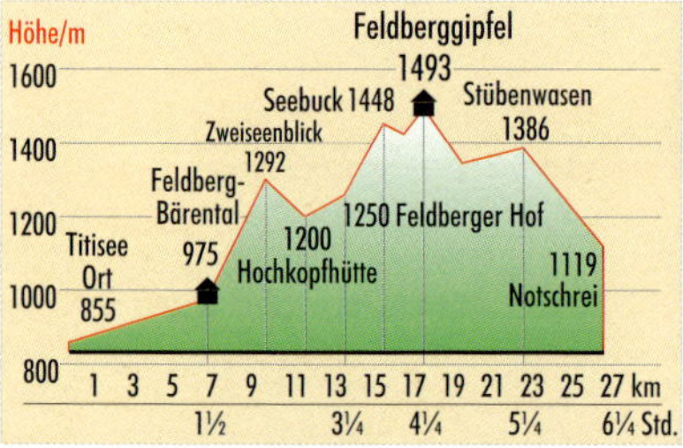

Vom Titisee steigen Sie ins Feldberg-Massiv auf. Hier wandern Sie oberhalb der Baumgrenze über den höchsten Schwarzwaldgipfel (1493 m).

Auf der Seestraße durch die Fußgängerzone zum **Titisee**. Am Hotel Seehof zugleich mit dem Querweg Freiburg-Bodensee (weiß-rote Raute auf gelbem

Hochschwarzwald.

Winterpanorama.

Grund) rechts auf den Uferweg. Am Ende des Sees durch Campinggelände und zu weiterem Campingplatz. Rechts abseits (Querweg) die JH Veltishof.
Der Westweg umgeht den Campingplatz links, dann 3 km im Hang allmählich ansteigen zum Bahnhof **Feldberg-Bärental**.
Rechts auf abwärts führenden Schotterweg, links auf zweiten Fußweg und unter der B 317 durch. Rechts hoch, links auf eine Treppe und geradeaus auf die Ortsstraße. An kleiner Holzkapelle rechts in »Am Dobel« und scharf links in Zweiseenblickweg. Auf dem Teerweg bleiben, vor Waldeintritt Aussicht über das Seebachtal. Bei Wasserbehälter geradeaus, dann teilt sich der ansteigende Weg dreimal: es geht zunächst rechts, dann zweimal links. Zuletzt auf Fußweg zum **Zweiseenblick**. Rechts ab, anfangs eben, dann abwärts zur **Hochkopfhütte**.
Hinweis für Wanderer auf dem Europäischen Fernwanderweg 1: Hier verlässt der E 1 den Westweg und läuft auf dem Verbindungsweg (blaue Raute mit weißem Strich) nach Schluchsee.
Geradeaus auf ansteigendem Fahrweg durch den Berghang und am Caritas-Heim links auf die B 317. Hinter Haus Kapferer rechts breiten Fahrweg hoch zum **Feldberger Hof**. Hier trennt sich der Westweg in West- und Ostroute.
Die Westroute geht rechts hoch. Den steilen Aufstieg auf den Seebuck können Sie sich mit der Seilbahn ersparen. Ansonsten vor dem »Haus der Natur Südschwarz-

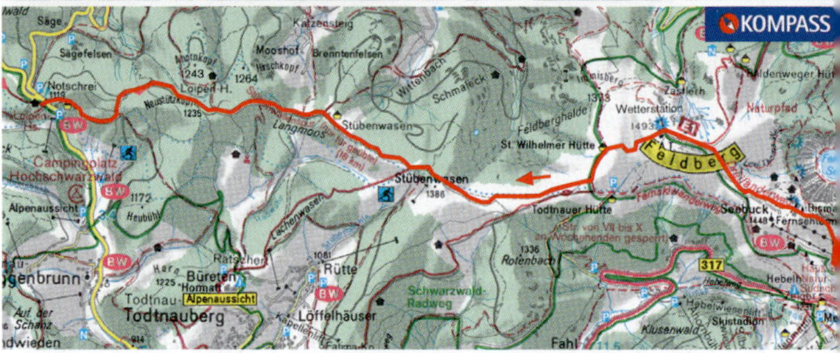
KOMPASS
Säge
Sägefelsen
Notschrei
1119
Mooshof
Brenntenfelsen
Katzensteig
1243
1264
Loipen-H.
1235
Langmoos
Stübenwasen
Wittenbach
Schmaleck
Feldberghalde
St. Wilhelmer Hütte
Zastlerh
Wetterstation
1493
E1
Feldberg
Naturpfad
Campingplatz
Hochschwarzwald
BW
1172
Heubühl
Alpenaussicht
1386
Lachenwasen
Todtnauer Hütte
Seebuck
1448
Fernsehturm
1336
Rotenbach
317
Hebelhof
Ratschert
1081
Rütte
Büreten
1225
Hornatt
Todtnau-
Alpenaussicht
Todtnauberg
Löffelhäuser
Schwarzwald-
Radweg
Hebelwiesenlift
Skistadion
Klusenwald
Fahl
914

wald« links auf Teerweg, diesen hinter Linkskehre rechts verlassen und über den Osthang ansteigen. Parallel zur Seilbahn zum **Seebuck-Nebengipfel** (1448 m) mit Bismarckdenkmal. Geradeaus (der Hauptgipfel mit Aussichtsturm bleibt links liegen) über den Grüblesattel zum **Feldberggipfel** (1493 m) mit Sendeturm und Wetterstation. Kurz unterhalb links auf Fußweg. Nach Linksknick rechts ab und hinunter zur St. Wilhelmer Hütte. Links auf breiten Schotterweg und am tiefsten

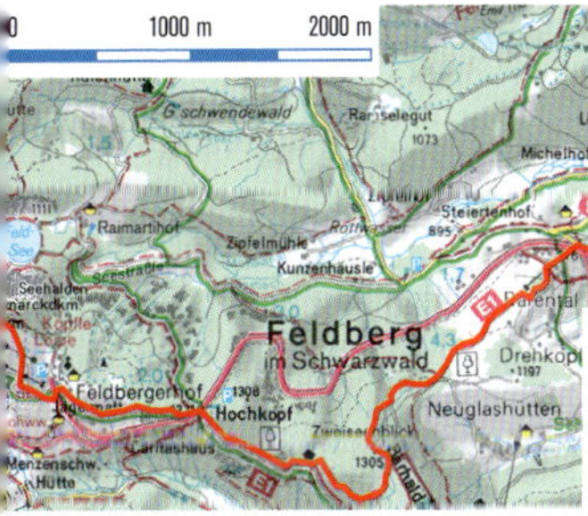

Punkt auf den rechten Weg. 3 km auf dem Höhenweg über den **Stübenwasen** zum gleichnamigen Gasthaus.

Links auf den Zufahrtsweg und in Linksschwenk geradeaus auf Waldweg. Nach 1,5 km auf Fahrweg, kurz vor einer Skirollerstrecke links auf Pfad und unweit einer Biathlon-Schießanlage vorbei. An Kreuzung rechts zum **Notschrei**.

Bild S. 48 oben: Schwarzwälder Fasnet; S. 48 unten: Blick vom Grüble-Sattel zum Aussichtsturm auf dem Seebuck; Bild S. 49 oben: Winterstimmung bei Sonnenuntergang.

Feldberg

Der Feldberg, mit 1493 m über NN die höchste Erhebung Deutschlands nördlich der Alpen, ist ein Besuchermagnet. Das aus Gneis bestehende Bergmassiv, das in der letzten Eiszeit von einer dicken Eiskappe bedeckt war, reicht über die Waldgrenze hinaus und wird von rauem Klima (bis 2000 mm Jahresniederschlag) beherrscht. Hier hat sich eine Flora erhalten, die sonst nur in den Alpen anzutreffen ist. Zwar steht der Kernbereich bereits seit 1937 unter Naturschutz, jedoch hat der moderne Massentourismus, vor allem durch Autoverkehr und Wintersport, beträchtliche Umweltschäden hervorgerufen. Der Zugang ist jetzt reglementiert und der Wintersport auf den Bereich des Seebucks beschränkt. Die Besuchermassen strömen weiter auf den Berg. Werden sich Naturschutz und Tourismus in Einklang bringen lassen? Information im »Haus der Natur« am Fuß des Seebucks (außer montags, während der Ferien täglich).

10

Westroute: Notschrei – Haldenhof

Ausgangspunkt: Notschrei an Straße Freiburg/Kirchzarten – Todtnau, Bus.
Zielpunkt: Haldenhof an Straße Badenweiler/Münstertal – Neuenweg, Bus.
ÖPV unterwegs: Bus Wiedener Eck, Belchenbahn-Talstation.
Charakter: Höhenwanderung mit steilem Auf und Ab, überwiegend unbefestigte Wege und Pfade.
Einkehr/Übernachtung: Notschrei, Wiedener Eck (JH Belchen abseits), Belchenhaus, Haldenhof.
Karte: KOMPASS Nr. 771.

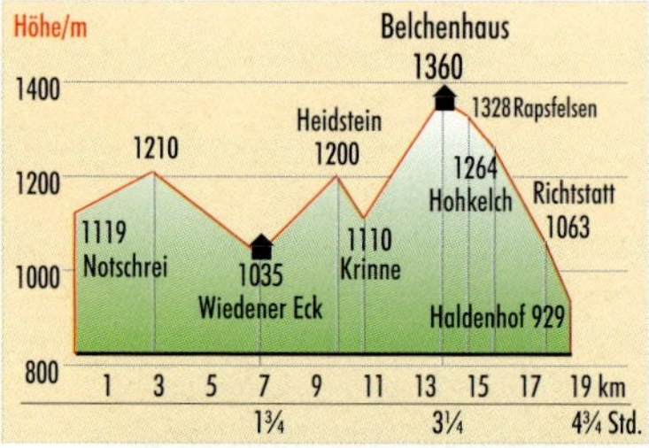

Auf dieser und der folgenden Etappe bewegen Sie sich bei hervorragenden Ausblicken durch die Bergwelt des Südschwarzwalds. Am faszinierendsten ist wohl der Belchen, der König der Schwarzwaldberge.

Beim Hotel die Straße kreuzen auf den Notschreiweg und das reizvolle NSG Langenbachtal hoch. In Linksbiegung des Fahrwegs geradeaus, auf der Höhe Querweg kreuzen und schließlich links dem Münsterweg folgen. Aus dem Wald und bei schöner Aussicht (die markante Bergkuppe ist der Belchen) abwärts zu einem Hof. Links ab und wieder durch Wald zum **Wiedener Eck**.

Vor dem Hotel die Straße queren auf den am Waldrand ansteigenden Fahrweg. Über Skitrasse in den Wald und links einen Pfad hoch. Im Hang der Westflanke des **Heidsteins** ansteigen, breitere Wege werden nur kurz berührt.

Belchen

Der Belchen (1414 m) gilt als der schönste der Schwarzwaldberge. Wie auf seinen Namensvettern in den Vogesen und im Schweizer Jura hat man Spuren keltischer Stätten gefunden, die mit einem Sonnenkult in Verbindung gebracht werden. Die empfindliche Flora und Fauna des über die Waldgrenze hinausragenden Berges litt beträchtlich durch den Verkehr auf der nach oben führenden Straße. Seit Anfang 2002 ist das Projekt »Autofreier Belchen« umgesetzt: Die Straße wurde gekappt, jetzt bringt eine Seilbahn die Besucher auf den Berg.

Schließlich wieder abwärts in den Geländeeinschnitt **Krinne**.

Wenige Meter scharf rechts und an Wegteilung links, bald wieder auf Pfad. Vor Wasserfall Linkskehre, dann scharf rechts in Querpfad. Auch in Straßennähe auf dem Bergpfad bleiben, der steil auf die Kuppe des Belchen über die Waldgrenze führt. Der Westweg läuft nicht über den Gipfel, sondern geradeaus zum **Belchenhaus**. Bei klarem Wetter lohnt der Abstecher auf den Gipfel (1414 m) mit phantastischer Rundsicht. Von dort können Sie zum Belchenhaus hinuntergehen oder über die Westflanke direkt zur Fortsetzung des Westwegs.

Am Haus halbrechts schwenken, nach wenigen Metern den linken, schmaleren Weg nehmen und auf Pfad durch den Südhang. An Teilung auf den unteren Pfad. Vorbei

am **Rapsfelsen** und im Wald scharf links in Querpfad, der vom Gipfel hinunterkommt. Durch ein Zaungatter zu Wiesensattel auf dem **Hohkelch**. Halbrechts hinunter durch weiteres Gatter und auf teilweise gesichertem Pfad durch den Felshang. Auf Querweg weiter abwärts, vorbei an alter Befestigung, zur **Richtstatt**. Geradeaus zum Waldrand an den Beginn eines Wiesentals. Zunächst noch auf dem Fahrweg, dann halbrechts abwärts wieder in den Wald. Schließlich auf Pfad in Waldrandnähe zum **Haldenhof**.

Blick von den Felsen am Westweg in der Belchen-Südflanke zum Blauen.

11

Westroute: Haldenhof – Kandern

Ausgangspunkt: Haldenhof an Straße Badenweiler/Münstertal – Neuenweg, Bus.
Zielpunkt: Kandern Blumenplatz, Bus. Museumsbahn Kandern – Haltingen.
ÖPV unterwegs: Bus Kreuzweg.
Charakter: Höhenwanderung mit steilem Auf und Ab, insgesamt 1000 Höhenmeter Abstieg. Überwiegend unbefestigte Wege und Pfade.
Einkehr unterwegs: Blauen.

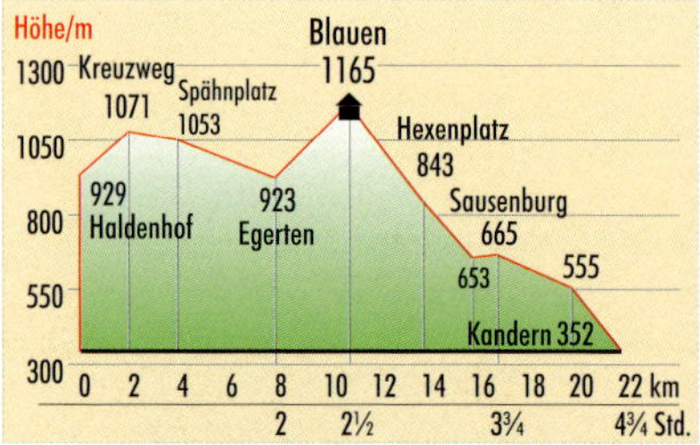

Übernachtung: Haldenhof, Blauen, Kandern.
Karte: KOMPASS Nr. 771.

Von den rauen Berghöhen des Südschwarzwalds kommen Sie hinab in das fast schon mediterran anmutende Markgräfler Land. Ein Stück auf der Straße und rechts auf kräftig ansteigenden Wiesenweg, der wieder auf die Straße trifft. Im Auslauf der Kehre rechts auf Pfad in den Waldhang. Vor dem Weiherfelsen scharf links hoch und durch Wiesen zum Skilift am **Kreuzweg**. Geradeaus schräg über die Straße hinweg, rechts an umzäunter Hütte vorbei. Bald links auf Pfad, dann auf Fahrweg.

An der Gabelung auf dem unteren Weg zum **Spähnplatz** (Hütte). Querweg kreuzen und rechts auf Parallelpfad durch den Nordhang des Haukopfs zum Wegetreff an der Stühlehütte. Im Rechtsbogen auf den Egerten-Stühle-Weg und wenig später links auf Pfad. Auf teils sehr schmalem, aber gut gangbarem Weg 3,5 km insge-

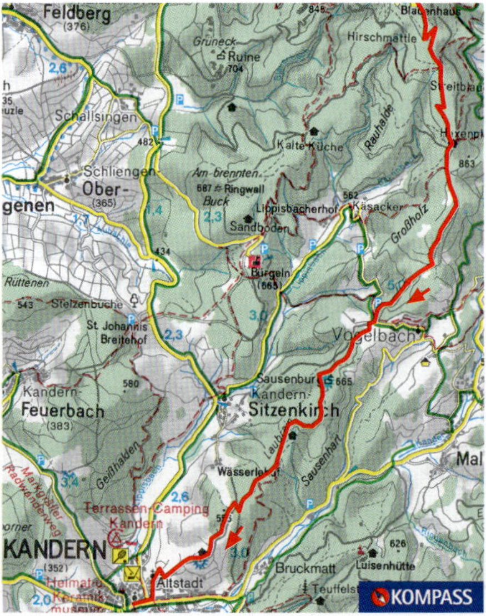

samt abwärts zum Straßenpass **Egerten**.
Auf der anderen Seite rechts hoch und sofort links auf Pfad. Kräftig ansteigend um den Stockberg herum zu Hangweg. Kurz auf einen fallenden Weg, dann rechts steil aufwärts auf den **Blauen**. Kurz unterhalb des Gipfels (1165 m) scharf rechts hoch. Unterhalb der Hotelterrasse links einen Pfad sehr steil hinunter. Geradeaus auf zunächst ebenem Waldweg, dann auf Pfad steil abwärts. An einer Lichtung halbrechts in Pfad, der nach einer Linkskehre in Waldweg übergeht, und hinab zum Wegetreff am Hexenplatz. Neben einem Gedenkstein auf den linken, unteren Weg, kurz darauf an Gabel links abwärts. An Wegetreff zunächst geradeaus, dann rechtsbiegend auf Querweg und am Waldrand zum Parkplatz Sausenburg. Kurz auf der Straße rechts und links, vorbei an weißem Haus. Bald rechts auf schmalem Weg zur **Sausenburg**. Geradeaus abwärts und auf Fahrweg zur Langenebene-Hütte. Weiter auf Schloss-, dann Mohrensattelweg. An Gabel links und am Waldrand geradeaus. Auch bei Strommast zunächst noch geradeaus, kurz darauf an Waldstück nach rechts. Rechts auf Pfad im Wiesengelände steil abwärts, zuletzt auf Teerweg nach Kandern. Geradeaus Franz-von-Sales-Weg, am Friedhof in die linke Einbahnstraße und rechts zum Blumenplatz im Stadtzentrum. Der Westweg biegt gegenüber dem Markt links ab.

Museumsbahn Kandern – Haltingen

Der Personenverkehr auf der Privatbahnstrecke durch das Kandertal ist seit 1983 eingestellt. Jetzt ist ein Museumsbetrieb mit historischen Dampf- und Dieselfahrzeugen eingerichtet. Verkehrstage: Mai – Okt./sonntags. Tourist-Information Kandern, Tel. 07626-972356, www.kandertalbahn.de.

Museumsbahn-Dampfzug.

12

Westroute: Kandern – Basel

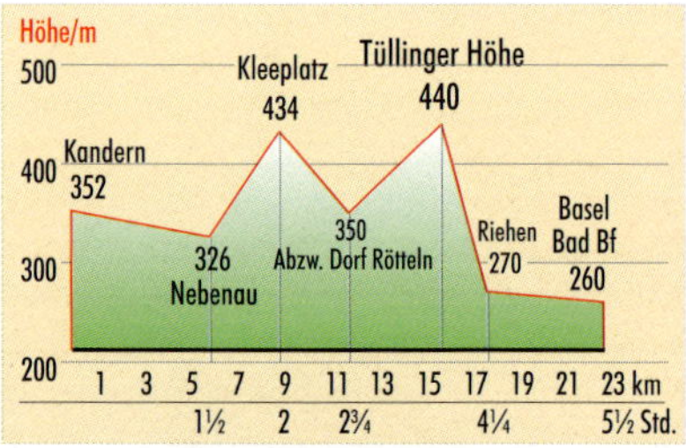

Ausgangspunkt: Kandern Blumenplatz, Bus. Museumsbahn Haltingen – Kandern (siehe Tour 11).
Zielpunkt: Basel Badischer Bhf.
ÖPV unterwegs: Bus Obertüllingen, Riehen Schwimmbad.
Charakter: Abwechslungsreich durch teils bewaldetes, teils offenes Hügelland. Zum Schluss 5 km Flachstrecke. Meist feste Wege.
Einkehr/Übernachtung: Kandern, Egerten (nur E samstags), Burg Rötteln (nur E), Schliesse (nur E), Basel.
Karte: KOMPASS Nr. 771.

Durch den südwestlichen Schwarzwaldausläufer, den Röttlerwald, und über die Tüllinger Höhe der Vorbergzone erreichen Sie die Rheinebene.

Gegenüber dem Markt am Verkehrsamt links ab. Über die Kander, rechts in Hammersteiner Straße und neben Haus 27 links in schmale Gasse. Auf Fußweg zwischen den Grundstücken, rechts versetzt Treppe hoch, links und rechts in die Staiggasse. An Schule vorbei zum Wald und scharf rechts ab. Am Beginn von Gefälle links auf Pfad. Fahrweg schräg kreuzen, dann an Fahrweggabel auf den linken Weg. An Wegteilung rechts (Kanderner Weg). Nach 2 km über Querweg hinweg kurz auf Pfad, dann auf festem Weg. Links abwärts nach **Egerten**. Rechts Wollbacher Straße, links »Am Neuweg«. Über den Wollbach nach **Nebenau**.

Rechts abbiegen, am Ortsausgang links Haagener Weg und an Gabel rechts. Über einen Bach, am Waldrand rechts. Geradeaus in den Wald und auf breitem Fahrweg zum Parkplatz **Kleeplatz**.

Auf der anderen Straßenseite geradeaus in den Wald (Hohe Straße). Nach gut einem Kilometer links zur Burg Rötteln zum oberen Ende der langgestreckten Ruine. Zum Eingang gehen Sie die Anlage rechts entlang. Der Westweg biegt scharf rechts hinunter. Rechts in anfangs geteerten Weg und oberhalb von Lörrach am Waldrand. Schließ-

Burg Rötteln.

Burg Rötteln

Die mächtige Burg Rötteln ist die größte Burganlage im Oberbadischen. Erste urkundliche Erwähnung 1259, seit 1315 im Besitz der Grafen von Hachberg-Sausenberg, 1503 zu den Markgrafen von Baden, 1678 zerstört. Seit 1925 teilweiser Wiederaufbau, im Sommer finden Freilichtspiele statt.

lich auf Fußweg und links ab einen rutschigen Pfad hinunter zu Teerweg. Rechts zu Unterführung (links Abstecher in das malerische Dorf Rötteln).

Geradeaus parallel zur Autobahn und durch die nächste Unterführung. Straße kreuzen und rechts auf parallelen Teerweg. Vorbei an Parkplatz bei schöner Aussicht auf die freie Höhe. An kleinem Waldstück kurz vor Sendemast halblinks auf ungeteerten Weg. Am Wald links, gleich wieder rechts, knapp 2 km am Waldrand und geradeaus mit Teerweg auf die **Tüllinger Höhe** (Blick über Basel). Am Bushalt rechts ab und links nach Obertüllingen. Rechts zur Ottilienkirche (sehenswerte Wandgemälde) und einen Treppenweg hinunter. Eine Straße 50 m links entlang, dann rechts einen Wirtschaftsweg abwärts in Obst- und Weinberge. Zweimal rechts und an einer Schranke auf Schweizer Gebiet. Hier finden Sie neben der gewohnten Westwegmarkierung auch die Bezeichnung gelbe Raute. An Gabel links abwärts. Am Ende des Petriswegs rechts, nach 50 m links Brunnstubenwegli, rechts und links weiteren Treppenweg (Bruckwegli) hinunter zum Schwimmbad von **Riehen**.

Auf der Straße die Wiese überqueren und vor dem Zollamt rechts ab. Jetzt 3 km den Fluss entlang, vorbei an Weihersteg, Schliesse (Stauwehr) und einer stillgelegten Bahnbrücke. Dann an der nächsten Brücke links ab. Geradeaus über Querstraße in den Tierpark Lange Erlen (Eintritt frei, falls geschlossen, rechts weiter). Im Park rechts halten, nach Austritt links in die Straße. Unter ehemaliger Bahnstrecke durch, Fasanenstrasse queren, halbrechts »Im Surinam« und rechts Maulbeerstrasse. Durch die lang gezogene Unterführung zum Badischen Bahnhof von **Basel**.

13

Ostroute: Titisee – Hochkopfhaus

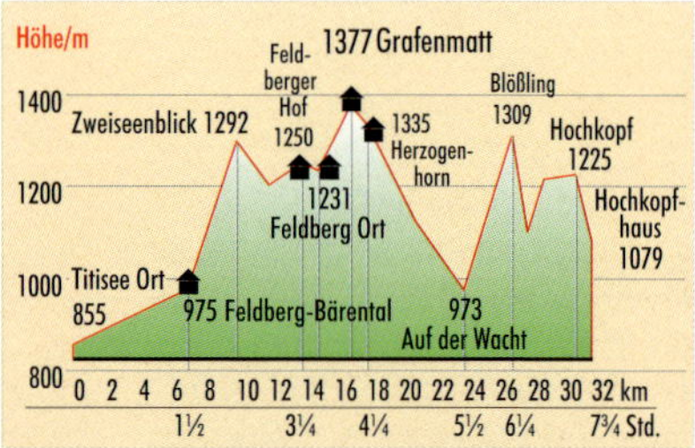

Ausgangspunkt: Titisee Seestraße, nahe Bahnhof.
Zielpunkt: Hochkopfhaus an Straße Todtnau – Todtmoos, Bus.
ÖPV unterwegs: Bahn Feldberg-Bärental, Bus Caritas-Haus, Feldberger Hof, Hebelhof, Auf der Wacht (eingeschränkt, nicht sonntags).
Charakter: Zunächst lang gezogener Aufstieg mit steilen Abschnitten, dann Höhenwanderung mit teils steilem Auf und Ab (Gesamtaufstieg 1400 Hm). Zunächst überwiegend feste Wege, im letzten Drittel durchweg unbefestigte Wege und Pfade.
Einkehr/Übernachtung: Titisee, Seewaldstube (nur E), JH Veltishof (abseits), Bärental, Feldberger Hof, Feldberg (JH Hebelhof), Grafenmatt (nur E), Herzogenhorn (nur E), Hochkopfhaus.
Karte: KOMPASS Nr. 771.

Um diese lange, anstrengende Etappe zu vermeiden, bietet sich für die Ostroute eine alternative Einteilung an. Von der Wilhelmshöhe (Tour 7) durchgehen bis Hohlengraben oder Thurner (Tour 8), dann in einer Etappe über Titisee auf den Feldberg und schließlich Feldberg – Hochkopfhaus.
Vom Titisee steigen Sie ins Feldberg-Massiv auf. Ohne den Gipfel zu berühren, wenden Sie sich südwärts und durchwandern die zerklüftete Bergwelt des mittleren Südschwarzwalds abseits von Ortschaften und Verkehr.
Tourenbeschreibung bis **Feldberger Hof** siehe Tour 9. Die Ostroute geht links zur Buswende und rechts auf Teerweg vorbei an der modernen Kirche wieder zu B 317 hinunter. Entlang der Straße in den Ort **Feldberg** und hinter dem Schwarzwaldhof links ab (rechts der Straße die JH Hebelhof). Auf geschottertem Fußweg kräftig ansteigen vorbei an der Emmendinger Hütte zum **Gasthaus Grafenmatt**. Geradeaus Skitrasse hoch, dann ein Stück durch Wald. Auf der Höhe geradeaus und abwärts zum **Gasthaus Herzogenhorn** am Bundesleistungszentrum Skisport (letzte Einkehrmöglichkeit vor Hochkopfhaus).
Voraus ragt das markante Herzogenhorn mit Gipfelkreuz auf. An Wegteilung im Rechtsbogen auf dem mittleren Weg durch den Nordwesthang des Bergs. Unterhalb von Hütte aus dem Wald, in den Wiesen nach rechts schwenken, dann knapp 2 km wieder durch Wald zur Hof-Eck-Hütte am Waldrand. Rechts ab, durch eine Senke, dann auf festem Weg geradeaus in den Wald. Nach einem Kilometer am Waldrand rechts in

Splittweg. Vorbei am Aussichtspunkt Roter Felsen zuletzt in Serpentinen abwärts zum Straßenpass **Auf der Wacht**.

Auf dem Blößlingweg wieder aufwärts, mit teils kräftigem Anstieg fünf Serpentinen hoch (Blick auf Feldberg und Herzogenhorn). Den Weg scharf rechts auf schmalen Pfad verlassen (Wegweiser) und mit weiterer Serpentine auf den **Blößling** (1309 m).

und am Hang links in Fahrweg. An Gabel auf den oberen Weg, und diesen links auf weiter steigenden Waldweg verlassen. Nach Rechtsbiegung auf Pfad, über eine markante Kuppe, dann nach links schwenken. Auf der nächsten Kuppe rechts in Querweg. Geradeaus mit kurzen, kräftigen An- und Abstiegen, zuletzt auf Pfad, zum Füllsender am **Hochkopf**.

Kurz darauf an Wegetreff mit Christuskreuz links Fahrweg hinunter (Abstecher zum Gipfel, 1263 m, Aussichtsturm).

Links auf schmalen Weg, Fahrweg schräg kreuzen und geradeaus abwärts zum **Hochkopfhaus** am Weißenbachsattel.

Hinter der Schutzhütte rechts auf den Gipfel und links am Totengedenkstein des Schwarzwaldvereins auf einem grasigen Weg durch Niederwald abwärts. Links in Querweg und scharf rechts auf Pfad steil den Hang hinunter. Am Ende kurz scharf links, dann scharf rechts Fahrweg abwärts zum Präger Eck (Hütte).

Scharf rechts Waldweg wieder aufwärts

14

Ostroute: Hochkopfhaus – Hasel

Ausgangspunkt: Hochkopfhaus an Straße Todtnau – Todtmoos, Bus.
Zielpunkt: Hasel Schweigmattweg, Bus Rathaus.
ÖPV unterwegs: Bus Eckhag (nicht sonntags).
Charakter: Höhenwanderung mit teils steilem Auf und Ab, überwiegend unbefestigte Wege.
Einkehr/Übernachtung: Hochkopfhaus, NFH Schwellen (abseits), Schweigmatt, Hasel.
Karte: KOMPASS Nr. 771.

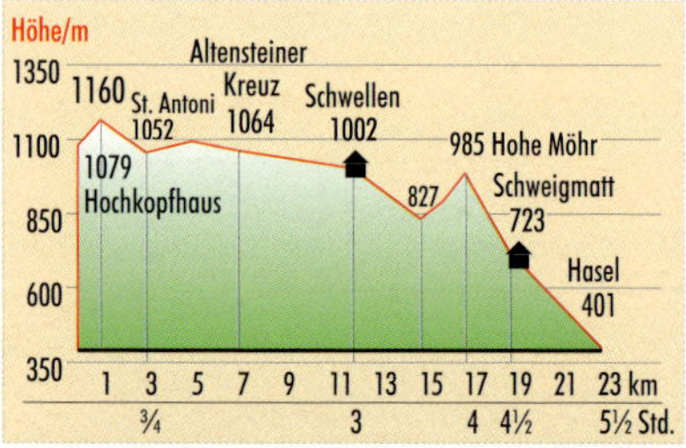

Wie auf der vorhergehenden Etappe wandern Sie durch zerklüftete Waldberglandschaft. Die Straße nach Herrenschwand queren und geradeaus am Waldrand aufwärts. Nach kräftigem Aufstieg im Wald kurz vor Skilift rechts, dann an Gabel links wieder abwärts. Schließlich auf Fahrweg zum Straßenpass **St. Antoni**. Über den großen Platz hinweg auf ebenen Fahrweg (Sägenlochstraße). An Hütte rechts auf den Umrankweg, kurz darauf rechts auf den ansteigenden Hohmuttelweg und in gut 2 km zum Altensteiner Eck. Weiter auf dem Weg »Mittlere Straße«. Nach Kehre an Gabel rechts auf Waldweg zum **Altensteiner Kreuz**. Links in unbefestigten Weg, nach

1,5 km kurz auf Schotterweg zu Wegetreff und halbrechts auf leicht fallenden Hangweg. Kurz darauf an Gabel links, wieder etwas ansteigen und bei schönen Ausblicken durch den Hang des Rohrenkopfs schließlich am Waldrand zur Hütte an den **Schwellen** (zum Naturfreundehaus links den Teerweg hinunter).

Geradeaus am Waldrand entlang. Die Aussicht reicht bis zu den Alpen. Kurz im Wald, hier rechts auf Pfad. Dann wieder am Waldrand, vorbei an Modellfluggelände und steil abwärts. Auf breitem Weg in den Wald und über eine Kuppe (voraus die Hohe Möhr), schließlich steil abwärts zur Straßengabel Eckhag.

Wenige Meter Richtung Riedichen und halblinks in unbefestigten Weg. In Waldrandnähe oberhalb des Weilers Schlechtbach vorbei, dann links auf schmalen Pfad unmittelbar am Waldrand. Zuletzt steil abwärts und auf Querweg rechts zur Straße. Links und nach (!) Rechtskurve auf ansteigenden, eingeschnittenen Waldweg.

Zunächst geradeaus, dann links ab. Ein Stück auf Schotterweg, dann links im Hang einen Pfad hoch. Auf Höhenrücken an altem Grenzstein nach rechts (geradeaus hinunter kann man die Schleife über die Hohe Möhr abkürzen) und ansteigend zu in Fahrwegschleife gelegener Hütte an der Rothruhe. Den Weg kurz aufwärts, dann scharf links Serpentinenpfad hoch auf die **Hohe Möhr**. Vor dem Sendemast links auf den Gipfel (985 m).

Zwischen Aussichtssturm und Hütte auf Pfad wieder abwärts und links in Fahrweg. An Hütte bei der Gastendyk-Tanne mit weiter Kehre abwärts. Schließlich am Waldrand oberhalb von **Schweigmatt** mit Rechtskehre hinunter in den kleinen Ort.

Am Gasthaus »Zum Hutzelwieb« links und rechts auf Verkehrsstraße. Am Tannenhof die Straße geradeaus verlassen und dem Teerweg nach rechts folgen. Geradeaus auf Wiesenweg und kurz nach Waldeintritt links auf Pfad in den Hang. Abwärts, an Waldecke spitzwinklig über Fahrweg hinweg, dann Straße schräg links kreuzen. In ein Bachtal hinunter zu Fahrweg. Links über den Bach und durch den jenseitigen Talhang. Schließlich an Schrägkreuzung rechts auf breitem Fahrweg nach Hasel. Der Westweg biegt am Ortseingang rechts auf die Hauptstraße. Zur Ortsmitte der Straße geradeaus folgen.

Dinkelberg – Erdmannshöhle

Südlich von Hasel befindet sich 1 km abseits (ab Ortsmitte ausgeschildert) die Erdmannshöhle. Die von einem Bach durchflossene Tropfsteinhöhle ist auf 550 m begehbar (geöffnet Mai – September). Sie liegt im aus Muschelkalk bestehenden Karstplateau des Dinkelbergs. Dieser gehört geologisch nicht mehr zum Schwarzwald, sondern ist dem Jura zuzurechnen. Der Westweg läuft ab Hasel über den Dinkelberg.

Ostroute: Hasel – Basel

Ausgangspunkt: Hasel Schweigmattweg, Bus Rathaus.
Zielpunkt: Basel Grenzacher Horn (Bus) oder Badischer Bahnhof.
ÖPV unterwegs: Bus Nordschwaben (montags – freitags, abseits), Adelhausen, Rührberg (nicht samstagnachmittags und sonntags), St. Chrischona, Bahn Grenzach (abseits).

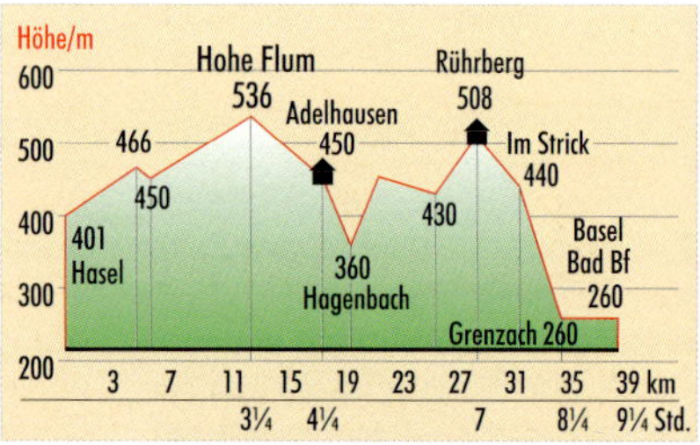

Charakter: Abwechslungsreiche Strecke auf unterschiedlichen Wegen. Einige Steigungen, jedoch keine großen Höhenunterschiede. Am Schluss 3 km durch bebautes Gebiet.
Einkehr/Übernachtung: Hasel, Hohe Flum (abseits), Adelhausen (nur E), Rührberg, St. Chrischona (nur E), Basel.
Karte: KOMPASS Nr. 771.

Sie überqueren von West nach Ost das hügelige Karstplateau des Dinkelbergs, teils durch offenes Land, teils durch Wald. Zum Schluss steigen Sie ins Rheintal ab.

Hasel auf der Straße verlassen (von der Ortsmitte neben der Kirche auf die Hauptstraße), gemeinsam mit dem Hotzenwaldquerweg (schwarz-weiße Raute auf gelbem Grund). Am Ortsaus-

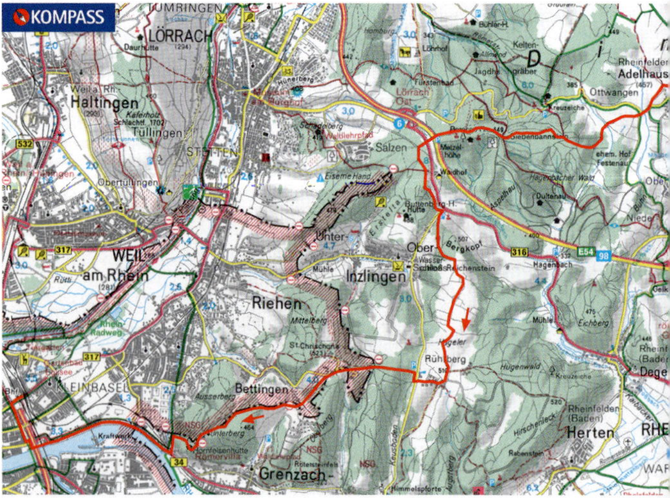

gang links hinunter durch den Entengraben. An Gabel rechts, geradeaus Grasweg hoch, 50 m auf der Straße und links in den nächsten Weg. Nach mehreren Biegungen schließlich in Talsenke links versetzt Teerweg kreuzen. Mit dem unbefestigten Weg links biegen, dann geradeaus weglos die Böschung hoch und rechts versetzt eine Hecke entlang. Kurz rechts auf Teer und geradeaus auf Grasweg zu einem Wäldchen. Auf Teerweg kurz links zur Straße (B 518) hin, davor scharf rechts ab in den Wald und schließlich links auf Pfad zur Straße hoch.

Jenseits auf Fahrweg in den Wald (Seehölzleweg). Nach einem alten Grenzstein trennen sich die Wege, der Westweg läuft geradeaus. An der nächsten Kreuzung links, dann rechts auf die »Alte Wehrer Straße«. Aus dem Wald, an Kreuzung links ab, Weg knickt nach rechts. Am oberen Rand eines Tals scharf links hoch. Links in den nächsten Querweg und auf der Kuppe rechts. Mit Doppelknick in den Wald und links auf den Kreuzbodenweg.

Nach Rechtsschwenk zu einer Straße. Geradeaus auf Fahrweg (Langenbühlweg). Einen Querweg schräg kreuzen und auf freies Feld. Mit weiterem Querweg links wieder in den Wald an einigen Hütten vorbei. Am Waldrand nach rechts schwenken und linksbiegend auf dem ungeteerten Weg bleiben. Vorbei an Hütte wieder in den Wald, 50 m links auf Teerweg, dann rechts auf Pfad. Kurz steil hoch und bei schöner Aussicht am Waldrand. Oberhalb von Nordschwaben Straße kreuzen auf ansteigenden Splittweg, dann einen Grasweg hoch auf die **Hohe Flum** (536 m). Links zum Turm und geradeaus über den Höhenrücken wieder

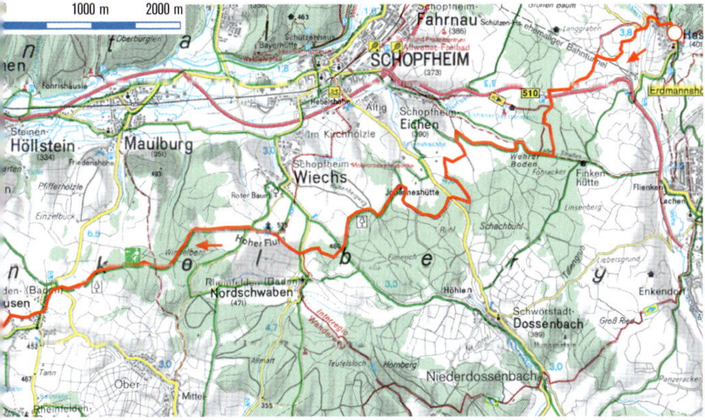

abwärts. Auf Fahrweg zu Wegetreff mit Brunnen und in den zweiten linken Teerweg abbiegen. Abwärts in den Wald, an Wegteilung links. 2 km durch den Wald, dann auf freiem Feld zu Straßengabel kurz vor **Adelhausen**. Die Querstraße kreuzen und links in den Ort. Geradeaus bis zum Kegelplatz.
Zweimal rechts in die Juchstraße. Am Ortsrand wenige Meter nach Linksbogen rechts in Fahrweg. Ein Stück auf Straße und links in Teerweg, der sofort nach rechts schwenkt. Abwärts ins Tal des **Hagenbachs**, linksbiegend in den Wald und wieder aufwärts. Rechts in den nächsten Fahrweg, an Gabel links und zum Wegetreff am Siebenbannstein.
Rechts ab vorbei an Hütte zu Wegetreff mit Rastplatz. Links ab und in Waldrandnähe rechts in den Suhleckweg. Breiten Querweg kreuzen und die Böschung hinunter. Auf zwei Brücken über Autobahn und parallele Straße. Auf geteertem Fußweg links in den Wald, dann rechts Heinrich-Ernst-Weg.
In Stromtrasse links auf den zweiten Weg, am Ende rechts. Vor dem Waldrand rechts, im Wald bleiben. Am Ende links in Querweg und unter der Leitung abwärts zu Straße. Schräg rechts über den Parkplatz auf ansteigenden Fahrweg oberhalb von Inzlingen. Links in Querweg und rechtsbiegend über die freie Höhe. Am Ende der Teerdecke rechts, vorbei an Modellfluggelände. Am Ende links und wieder rechts nach **Rührberg**.
Am Rührberger Hof rechts und auf der Inzlinger Straße zur Verkehrsstraße. Rechts Richtung Lörrach und links auf dem Chrischonaweg in den Wald. An Schranke mit Wachhäuschen auf Schweizer Gebiet. Hier finden Sie neben der gewohnten Westwegmarkierung auch die Bezeichnung gelbe Raute.
Vorbei am 250 m hohen, weithin sichtbaren Fernsehturm unterhalb von St. Chrischona zum Gasthaus Waldrain.
Geradeaus auf der Straße weiter, dann links geteerter Fußweg zum Waldrand. Rechts und durch den Wald entlang der Landesgrenze. Wieder auf freiem Gelände zunächst geradeaus, dann rechts biegen und nach 50 m wieder links, ohne die nahen Siedlungen zu berühren.
Abwärts in die Senke **Im Strick**, 50 Meter geradeaus hoch und dann halblinks auf einen Pfad. Auf Fahrweg in den Wald und erneut die Grenze entlang zu Wegetreff mit Rastplatz (Am Horngraben). Halblinks auf Pfad in NSG, jetzt wieder auf deutschem Gebiet.
Oberhalb des steilen Rheintalhangs nach rechts zu Aussichtspunkt mit Hütte. Rechts auf Pfad steil abwärts nach **Grenzach**. Zunächst links, dann rechts in den Ort. Am Ende des Riehener Wegs links auf »Im Rippel« zur B 34 und rechts über den Bahnübergang der Straße folgen, parallel zum

Rhein, zum Grenzübergang Grenzacher Horn nach Basel.
Gleich rechts hinter dem Übergang befindet sich eine O-Bushaltestelle mit häufiger Verbindung ins Zentrum. Der Westweg ist, hauptsächlich mit den gelben Schweizer Wegzeichen, bis zum Badischen Bahnhof markiert.
Man muss allerdings weitgehend Straßen entlanggehen. Zunächst noch 1,3 km geradeaus auf der Grenzacher Straße bis zu Sportanlagen. In Rechtskurve geradeaus auf Fuß-/Radweg, weiter auf der »Eisenbahnstrasse« und mit zwei Unterführungen unter Eisen- und Autobahn durch. Vor dem Kunstmuseum rechts, an großer Kreuzung die Grenzacher Straße queren, kurz links und rechts in die Schwarzwaldallee. Parallel der Hochstraße bleiben, Wettsteinallee mit Unterführung kreuzen und geradeaus zum **Badischen Bahnhof**.

Vom Aussichtsturm auf der Hohen Flum schweift der Blick über Schopfheim hinweg auf das Wiesental; rechts steht die Hohe Möhr, links dahinter der Zeller Blauen, weiter links ist das Dach des Belchen zu sehen.

16

Pforzheim – Bad Wildbad

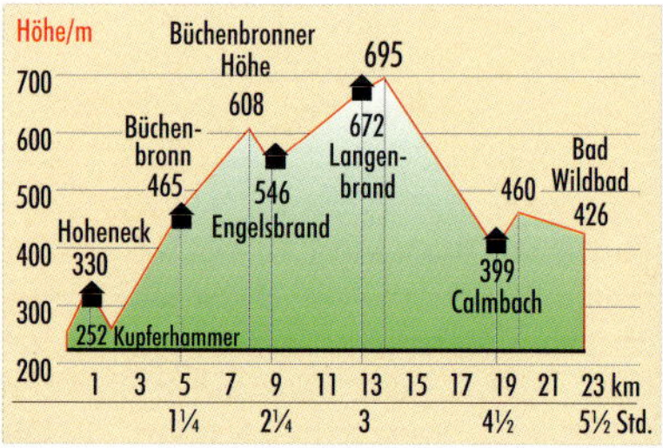

Ausgangspunkt: Pforzheim Hauptbahnhof oder Gasthaus Kupferhammer an der B 463 (Bus, zu Fuß siehe S. 17).
Zielpunkt: Bad Wildbad Kaiser-Karl-Straße/Bahnhof.
ÖPV unterwegs: Bus in allen berührten Orten, Bahn Calmbach (abseits).
Charakter: Auf und ab überwiegend durch Wald, unterschiedliche Wege.
Einkehr/Übernachtung: Pforzheim, Hoheneck (nur E), Dillweißenstein (JH Burg Rabeneck), Büchenbronn (nur E), Engelsbrand (nur E), Langenbrand, Calmbach, Bad Wildbad.
Karte: KOMPASS Nr. 769.

Der Mittelweg läuft auf seiner ersten Etappe zunächst aus dem Nagoldtal auf den Höhenrücken zwischen Nagold und Enz und dann ins Enztal hinab.

Die drei großen Schwarzwaldwege beginnen offiziell am Gasthaus Kupferhammer an der Nagold, unweit der Mündung der Würm (den Anschluss vom Hauptbahnhof siehe S. 17). Der Mittelweg geht am Gasthaus geradeaus ein Sträßchen, dann einen Fußweg hoch, vorbei an einem Felsblock (Denkmal). Kurz rechts eben, dann links aufwärts auf den unbefestigten

Willkommensgruß der Goldstadt Pforzheim.

Schlosskirche St. Michael.

Auerbachweg. Rechts Teerweg wieder abwärts zu Kehre. Auf den rechten, unbefestigten Hangweg. Straße kreuzen, geradeaus auf den Sophienbergweg (rechts die Ruine **Burg Hoheneck**, geringe Reste). An Gabel auf den oberen Pfad und abwärts zur Papierfabrik von **Dillweißenstein**.

Links ein Stück auf der Straße und auf der alten Sandsteinbrücke über die Nagold. Geradeaus auf der Belremstraße durch Rabeneck (in der Burg JH). Gegenüber Haus 55 auf ansteigenden Fahrweg und hinter Steinhäuschen auf den oberen Weg. Den Teerweg aufwärts, zuletzt steil, nach **Büchenbronn**. Bis zum höchsten Punkt am Ortsrand bleiben, rechts Pfarr- und links Dillweißensteiner Straße.

Geradeaus Schömberger Straße und ansteigend aus dem Ort. Etwa 100 m nach Ortsende halbrechts auf fallenden Teerweg, geradeaus durch Wildgehege zum Gasthaus Hermannsee und in den Wald hoch. Kurz nach Kreuzung rechts auf unbefestigten Weg. Aufwärts zu Fahrweg, dann links Theodor-Bornet-Weg. Kurz steil hoch auf die **Büchenbronner Höhe** (608 m, Hütte).

Neben dem Aussichtsturm links und geradeaus an den Rand von **Engelsbrand**. Rechts und auf dem Kirchweg abwärts zur Ortsmitte. Geradeaus Schulstraße und nach links biegen. Auf Betonweg aus dem Ort. Meist ansteigend durch Wald nach **Langenbrand**. An Gabel kurz vor Siedlung rechts, am Ortsrand links auf einen Splittweg. Am Ende rechts, links in die Forststraße und rechts zur großen Kreuzung.

Links Schömberger Straße und am Waldrand rechts auf Fahrweg. An Sitzbank geradeaus, rechts in nächsten Weg und abwärts zu Fahrweg. Links, vorbei an Hütte, zu Wegetreff. Auf den zweiten rechten Weg abbiegen. Mit dem unbefestigten Weg mehrere Querwege kreuzen, dann steil hinab in einen Talkessel. Kurz links auf Querweg, dann Pfad hinunter nach Charlottenhöhe (ehemalige Heilstätte). Der Rechtskurve der Straße folgen, dann über Querstraße hinweg auf Pfad steil abwärts und rechts in Waldweg. Wenige Schritte nach Gabel links Pfad hinunter, zwei Splittwege schräg kreuzen und schließlich nach **Calmbach**. Geradeaus auf der Gauthierstraße an einem Werk vorbei, am Lindenplatz rechts und um die Kirche herum zur B 294.

Geradeaus in die kurze Hauptstraße, weitere Verkehrsstraße kreuzen und über die Kleine Enz auf die Badstraße. Rechts im Hang kräftig ansteigen und vorbei an Wohnblock auf Waldweg oberhalb der Straße. Dann kurz auf der Straße, rechts auf festen Waldweg, schließlich rechts in Teerweg und auf der Laienbergstraße nach **Bad Wildbad**. Neben der Enz unter der Umgehungsstraße durch, geradeaus Wilhelmstraße. Auf Fußgängerbrücke über den Fluss und links in die Kaiser-Karl-Straße. Rechts der Bahnhof.

KOMPASS
Keltern
Dietlingen
Keltern-Niebelsbach
Birkenfeld-Gräfenhausen
Obernhausen
PF.-BRÖTZINGEN
Schmuckmuseum
PF.-SONNENBERG
Birkenfeld
PF.-DILLWEISSENSTEIN
Neuenbürg-Arnbach
Wilhelmshöhe
Schwann
NEUENBÜRG
PF.-Büchenbronn
Engelsbrand
Neuenbürg-Waldrennach
E.-Grunbach
E.-Salmbach
Neuenbürg-Dennach
U'r.-Kapfenhardt
Höfen an der Enz
Sch.-Langenbrand
Sch.-Schwarzenberg
Charlottenhöhe
Schömberg
Sch.-Oberlengenhardt
Calmbach
B.L.-Maisenbach
Meisterkopf
Zainen
O.-Igelsloch
O.-Oberkollbach
BAD WILDBAD im Schwarzwald
0
1000 m
2000 m

17

Bad Wildbad – Besenfeld

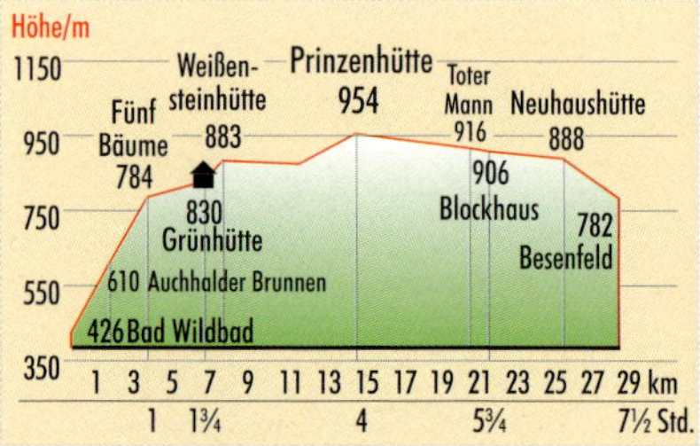

Ausgangspunkt: Bad Wildbad Kaiser-Karl-Straße/Bahnhof.
Zielpunkt: Besenfeld an B 294 Pforzheim – Freudenstadt, Bus.
ÖPV unterwegs: Bus Kaltenbronn (abseits).
Charakter: Zunächst steiler Aufstieg (Bergbahnbenutzung möglich), dann ohne große Höhenunterschiede. Bis auf 5 km Pfadstrecke hauptsächlich feste Waldwege.
Einkehr/Übernachtung: Bad Wildbad, Grünhütte (nur E), Kaltenbronn (abseits), Besenfeld.
Karte: KOMPASS Nr. 769.

Nach dem Aufstieg aus dem Enztal läuft der Mittelweg über die Hochfläche des mittleren Nordschwarzwalds durchweg durch Wald abseits von Ortschaften. Dabei berühren Sie die Moorgebiete von Wild- und Hohlohsee.
Auf der Kaiser-Karl-Straße zum Kreisel am Eingang zur Innenstadt. Geradeaus geht es zur Bergbahn auf den Sommerberg, mit der Sie sich den steilen Aufstieg aus dem Enztal ersparen können. Oben dann dem Verbindungsweg (blaue Raute mit weißem Strich) zum Wegetreff Fünf Bäume folgen. Der Mittelweg läuft neben der Polizei die Baetznerstraße aufwärts. Vor Parkhaus rechts, vor Klinikzufahrt links steil ansteigen

Wollgrasblüte im Wildseemoor.

S. 69: Der Bohlenweg durch das Wildseemoor.

und die »Sommersteige« hoch, übergehend in Waldweg. Geradeaus aufwärts, eine Mountainbike-Abfahrt kreuzend, zum **Auchhalder Brunnen** (Hütte). Weiter auf Fahrweg aufwärts, jetzt weniger steil. Nach ca. 2 km an Kreuzung links auf dem Heermannsweg zum Wegetreff **Fünf Bäume** (Hütte).

Halblinks auf »Alter Grünhütterweg«. Zwei Fahrwege kreuzen, dann am Ende links in einen dritten zum **Gasthaus Grünhütte**. Rechts ab auf ansteigenden Fahrweg und an Gabel auf rechtem Splittweg in den Wald.
An Wegetreff halblinks auf geradem Weg zur **Weißensteinhütte**. Nach rechts biegen und geradeaus auf dem Fahrweg, teils durch Bannwald, in weitem Bogen um das Moorgebiet des Wildsees (bald nach der Hütte zweigt links ein Stichweg zum See ab). Etwa nach 2 km an Einmündung links weiter, dann über einen Bach und geradeaus einen steinigen Weg hoch. Wenig später geradeaus auf Fahrweg zur Helenah- oder Saarschul-Hütte und schließlich zum Waldrand oberhalb von Kaltenbronn.
Rechts, vorbei an einem Wildgehege. In den Ort geht es den nächsten Weg links hinunter (letzte Einkehrmöglichkeit vor Besenfeld). Der Mittelweg läuft geradeaus oberhalb von Kaltenbronn zur Straße.
Kurz aufwärts und neben Parkplatz geradeaus hoch, kräftig ansteigen. Über zwei Querwege hinweg ins NSG Hohlohsee. Vor dem See rechts, auf Holzbohlen durch das Moor. Dann an Kreuzung halblinks ab (bei klarem Wetter

WILD- UND HOHLOHSEE

Die Hochmoorflächen der Seen sind die höchstgelegenen Deutschlands. Wo Schmelzwasser der letzten Eiszeit wegen im Boden eingelagerter Tonschichten nicht versickern konnte, bildeten sich zum Teil mehrere Meter dicke Torfschichten, in denen nachträglich wieder Wasserflächen entstanden. Zum Schutz der einzigartigen Flora und Fauna hat man in den 90er Jahren des vergangenen Jh. umfangreiche Maßnahmen zur Besucherlenkung ergriffen. Unter anderem wurden die durch die Gebiete führenden Wege gekappt. Betroffen davon ist auch der Mittelweg, der nun nicht mehr durch die Kernbereiche der Moore führt.
Von der geplanten Einrichtung eines Nationalparks hat man indes Abstand genommen, der Bereich gehört jetzt zum Naturpark Schwarzwald Mitte/Nord.

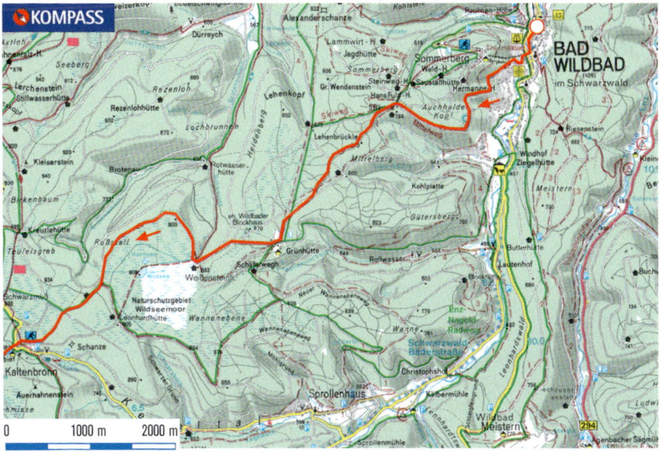

lohnt geradeaus Abstecher zum Aussichtsturm auf dem Hohloh, siehe Tour 2) zu Fahrweg und gemeinsam mit dem Westweg (rote Raute) einen Kilometer bis zur **Prinzenhütte**.

Der Mittelweg läuft geradeaus. Nach 800 m neben Hochsitz halbrechts auf Pfad. 4,5 km durch wechselnde Waldbestände, vorbei an einigen alten Grenzsteinen, zu Kreuzung am **Toten Mann**.

Weiter auf Waldfahrweg, immer geradeaus, noch 8,5 km über **Blockhaus** und **Neuhaushütte** bis **Besenfeld**, das auf einer Rodungsinsel inmitten ausgedehnter Wälder liegt.

Der Aussichtsturm auf dem Hohloh.

18

Besenfeld – Freudenstadt

Ausgangspunkt: Besenfeld an B 294 Pforzheim - Freudenstadt, Bus.
Zielpunkt: Freudenstadt Markt, Bahn/Bus Stadtbahnhof/ZOB.
ÖPV unterwegs: Bus Igelsberger Hardt (abseits).
Charakter: Leichte Waldwanderung ohne große Höhenunterschiede, überwiegend auf festen Wegen.
Einkehr unterwegs: Keine.
Übernachtung: Besenfeld, Freudenstadt (JH Eugen-Nägele-Straße 69, 1 km abseits).

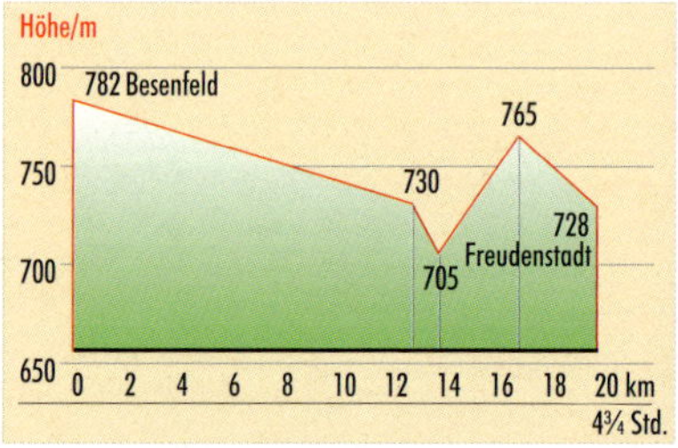

Karte: KOMPASS Nr. 769.

Der Mittelweg läuft weiterhin im Wald durch die oberen Hangflächen des Murgtals.

Entlang der B 294 **Besenfeld** durchqueren und aus dem Ort. Rechts ab auf die Straße Richtung

Freudenstadt aus der Luft.

Murgtal. Im Wald bei Parkplatz gegenüber Hütte halblinks auf den unteren Fahrweg, der durch den oberen Hang des Murgtals läuft. Nach 750 m kurzer Abstecher zur Ruine Burg Königswart (geringe Reste). Nach 1,7 km Weggabel an gelbem Gasleitungspfahl. Auf den linken, aufwärts führenden Weg und Teerweg schräg kreuzen. Nach 1,5 km an Wegetreff scharf links hoch, dann geradeaus (an zweiter Kreuzung links Igelsberger Hardt).

Zuletzt links auf Fahrweg zur Straße. 50 m rechts und wieder auf Fahrweg. Bei Schuppen links ab (Eichbrönnle-Hütte), dann rechts, gleich wieder halblinks und Straße kreuzen. Geradeaus auf Fahrweg, wieder durch den oberen Hang des Murgtals. Nach 2,5 km Querweg schräg kreuzen, schließlich abwärts zu Fahrweg und wieder ansteigen. Rechts in Querweg, eine Schleife beschreiben und bei Leitungsmast auf den linken, ansteigenden Weg. Nach 2,5 km wenige Meter vor einer Straße rechts ab. Links in querenden Fahrweg. An Waldspielplatz (Hütte) rechtshaltend geradeaus, schließlich aus dem Wald und auf dem »Heideweg« durch eine Senke ins geschlossene Stadtgebiet von **Freudenstadt**.

Auf der Wildbader Straße über einen Bahnübergang, weiter Hirschkopfstraße, Moos-/Ulanenstraße kreuzen und am Martin-Luther-Platz (links zum Stadtbahnhof) rechts einbiegen ins Zentrum auf den großen Marktplatz.

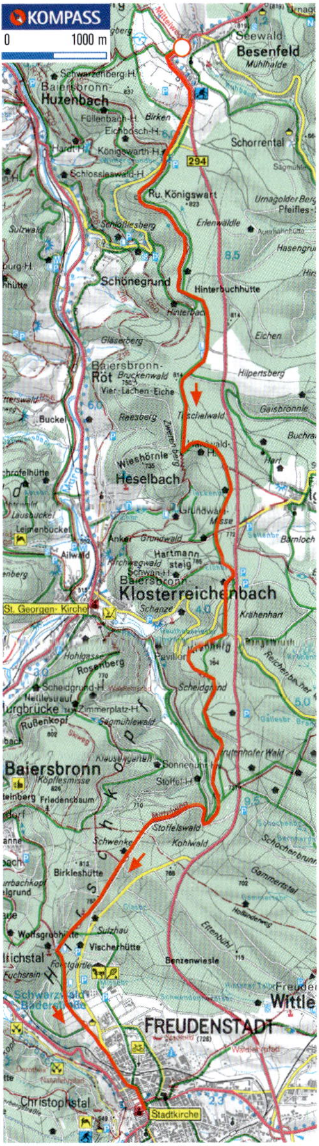

Freudenstadt – Schiltach

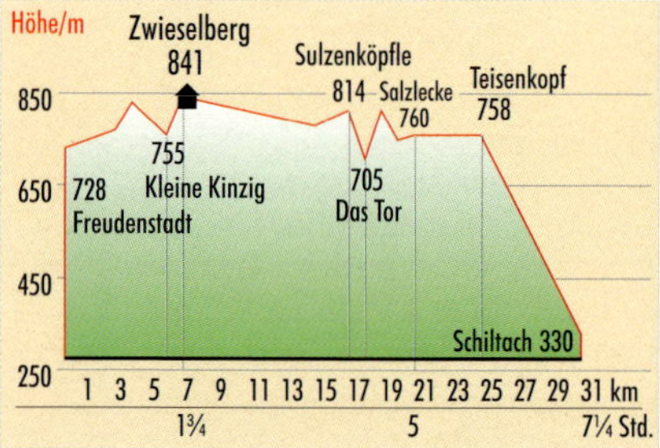

Ausgangspunkt: Freudenstadt Markt, Bahn/Bus Stadtbahnhof/ZOB.
Zielpunkt: Schiltach Markt, Bahnhaltepunkt Mitte.
ÖPV unterwegs: Bus Zwieselberg.
Charakter: Waldwanderung ohne große Anstiege, jedoch kurze steile Passagen. Am Schluss langer, teils steiler Abstieg. Überwiegend unbefestigte Wege, teils über Stock und Stein.
Einkehr/Übernachtung: Freudenstadt (JH siehe Tour 18), Teuschelwald (nur E), Zwieselberg, Schiltach. Zwischen Zwieselberg und Schiltach gibt es auf 22 Kilometer keine Einkehr!
Karte: KOMPASS Nr. 770.

Sie wandern nahezu den ganzen Weg durch Wald, abgesehen von Zwieselberg abseits von Orten und Straßen. Zum Schluss steigen Sie ins Kinzigtal ab. Zwischen Zwieselberg und Schiltach kann die Strecke nicht unterbrochen werden.
Der Mittelweg geht auf dem Marktplatz im Zentrum **Freudenstadts** geradeaus in die Loßburger Straße, kurz gemeinsam mit dem Ostweg (schwarz-rote Raute). Benutzen Sie, entgegen der Markierung, die rechte Straßenseite. Rechts in die Straßburger Straße (B 28) und am Hartranftdenkmal rechts auf Fußweg, dann links auf Brücke über die Straße hinweg. Rechts ab in den linken Weg und eben durch den Teuchelwald, vorbei an Olgabrunnen und Tannenhütte. An Schrägkreuzung halblinks ansteigen und vorbei am Waldcafé auf ebenen Weg. Geradeaus über Wegetreff Agnesruhe, Fahrweg kreuzen (alte Wegweiser), bei der Rippoldsauer Hütte Straße schräg queren und geradeaus abwärts ins Tal der **Kleinen Kinzig** (Hütte). Schräg über Querweg hinweg auf Pfad den

Freudenstadt: Unterer Marktplatz.

KOMPASS
Christophstal
Marktplatz
Langenwald
Kasernenwald
Schöllkopf
Bad Rippoldsau
Hinter-
steinwald
Schömberg
Ehlenbogen
Schapbach
Alpirsbach-Reinerzau
Schenkenzell-
Kaltbrunn
eh. Kloster
ALPIRSBACH
ROTENBACH
Schenkenzell
Bach und
Altenberg
Rötenberg
Fachwerkhäuser
SCHILTACH
0
1000 m
2000 m

Immer wieder bieten die Höhenwege reizvolle Ausblicke.

Hang hoch und geradeaus zur Straße am Ortsrand von **Zwieselberg**.

An der Wartehalle geradeaus, die rechts biegende Straße verlassen, und auf Fahrweg in den Wald. An Abzweig Richtung Klösterle noch 50 m geradeaus, dann den linksbiegenden Weg auf einen Pfad verlassen. 6,5 km Naturwegstrecke liegen vor ihnen, vorbei an zahlreichen alten Grenzsteinen. Die wenigen kreuzenden Wege nicht beachten. Schließlich mündet der Pfad in einen Fahrweg, ein Stück links, dann wieder links in einen Pfad. Am Ende rechts einen grasigen Weg abwärts zum Wegetreff Schmidsberger Platz (Hütte). Hier kreuzt der Hansjakob-Weg (weiße Raute mit Hut). Geradeaus über die große Kreu-

Alte Grenzsteine

Zahlreiche Grenzsteine am Mittelweg (die meisten aus dem 18. Jh.) zeugen davon, dass der Weg der alten Grenze zwischen der Markgrafschaft Baden (ab 1805 Großherzogtum) und dem Herzogtum Württemberg (ab 1805 Königreich) folgt. Letztlich beendete erst die Schaffung des Bundeslands Baden-Württemberg die Grenzziehung im Schwarzwald.

zung und nach wenigen Metern halblinks auf Pfad. 2 km über das **Sulzenköpfle** und schließlich steil hinab zur Alten Grube. Geradeaus auf Fahrweg zum Sattel **Das Tor** und auf breitem, unbefestigtem Weg steil hoch, gemeinsam mit Querweg Gengenbach – Alpirsbach (blaue Raute auf gelbem Grund). Fahrweg schräg kreuzen, dann auf Pfad. Auf der Höhe links biegen, dann rechts hinunter und links in Waldweg. Halblinks auf befestigten Weg, links an einer Sandsteinsäule vorbei und steil hinab zur Emilshütte.

Der Mittelweg biegt rechts ab auf breiten Fahrweg zum Wegetreff **Salzlecke**, hier kreuzt nochmals der Hansjakob-Weg.

Vor der Hütte rechts schwenken und links ab in ansteigenden Fahrweg. An Gabel rechts, dann den rechtsbiegenden Weg auf einen Pfad geradeaus hoch verlassen. Über einen Bergrücken abwärts zu Wegetreff. Geradeaus auf den rechten, unteren Fahrweg, dann rechts einen unbefestigten Weg hinunter. An der Gabel auf den linken oberen Weg, kurz darauf erneute Wegteilung, geradeaus Abstecher zum Aussichtsturm auf dem **Teisenkopf** (758 m).

Links hinunter, steil im Hang abwärts. Weiter auf Fahrweg, an Brunnen der Schleife folgen, schließlich rechts auf Teerweg aus dem Wald. Scharf rechts ab und vorbei am Johannesharderhof wieder in den Wald. Teils mit Serpentinen abwärts und durch das Kuhbachtal nach Schiltach. Bahnstrecke kreuzen, rechts ab zwischen Kinzig und Gleis zum Haltepunkt Mitte. Links über den Fluss zur Hauptstraße und geradeaus eine Treppe auf den historischen Marktplatz hoch.

Blick auf Freudenstadt.

Schiltach – St. Georgen

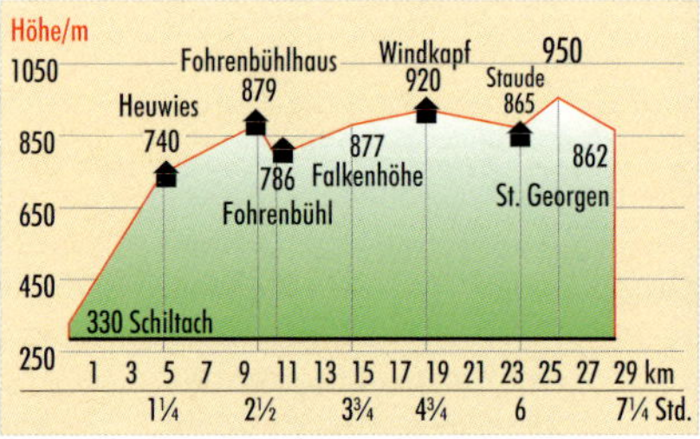

Ausgangspunkt: Schiltach Markt, Bahnhaltepunkt Mitte. **Zielpunkt:** St. Georgen Bärenplatz, Bahnhof 1 km abseits. **ÖPV unterwegs:** Bus Fohrenbühl.
Charakter: Zunächst langer, teils steiler Aufstieg, dann Höhenwanderung, unterschiedliche Wege.
Einkehr/Übernachtung: Schiltach, Heuwies (nur E), Fohrenbühlhaus, Fohrenbühl, Windkapf (nur E), Lindenbüble (nur Ü, abseits), Staude, St. Georgen.
Karte: KOMPASS Nr. 770.

Zunächst müssen Sie aus dem Kinzigtal aufsteigen. Auf den Hochflächen des Mittelschwarzwalds lockert bäuerliches Kulturland das Waldland auf.
Vom Marktplatz wieder zu Hauptstraße hinunter, über die Schiltach und neben der evangelischen Kirche links in die Hohensteinstraße. Bei Litfaßsäule links steil aufwärts, im Wald scharf links in Pfad, kurz darauf an Gabel rechts hoch mit Serpentinen zu Fahrweg. Rechts, an Wegteilung links hoch, nach

Schiltach, schön renovierte Fachwerkhäuser im Gerberviertel.

Kehre vorbei an Betonturm (Entlüftung eines Straßentunnels) ansteigen zu Fahrweg. Halbrechts weiter, oberhalb von Anwesen aus dem Wald, jetzt auf Teer. An Wegteilung rechts zum **Gasthaus Heuwies**.

Am Waldeintritt rechts auf Fußweg, dann auf Fahrweg durch den Hang des Mooskapfs. An Wegteilung auf den linken, eingeschnittenen Weg. In Rechtskehre geradeaus die Böschung hoch und auf Pfad neben nicht mehr passierbarem Hohlweg zu Straße. Jenseits auf Teer zu Anwesen und geradeaus Grasweg wieder in den Wald. Oberhalb eines weiteren Anwesens am Waldrand scharf rechts ab und durch den Hang des Moosenkapfs.

Am Ende rechts eingeschnittenen Weg steil aufwärts, links in Querweg, dann auf der Zufahrtsstraße zum **Fohrenbühlhaus** auf dem Mooswaldkopf (879 m), errichtet vom Schwarzwaldverein zum Gedenken an seine Gefallenen.

Vor dem Haus rechts

Schiltach, Rathaus mit Staffelgiebel am historischen Marktplatz.

einen Waldweg hinunter. Geradeaus eine Leitung entlang und auf Serpentinenpfad abwärts nach **Fohrenbühl**. Die Verkehrsstraße kreuzen und geradeaus der Straße folgen. Nach 2,5 km, wenn rechts der Teerweg Richtung Reichenstein abzweigt, halblinks auf unbefestigtem Weg in den Wald. Links in Waldweg, schließlich auf

Fahrweg geradeaus zur **Falkenhöhe** (Denkmal) am Waldrand. Rechts ab auf ebenem Fahrweg, teils durch freies Feld, über Wegetreff Wegzeiger und das Gersbacher Eck zu Straße. Noch kurz geradeaus, dann links auf unbefestigtem Weg in den Wald. Rechts auf Teerweg in die kleine Siedlung auf dem **Windkapf** (920 m).

Links ab und am Gasthaus vorbei auf Fußweg. Links auf Teer kurz in den Wald und rechts ab. Geradeaus auf »Hoher Straße« vorbei an einem Anwesen und einen Hohlweg steil hinab zum Waldrand (400 m links das Wanderheim Lindenbüble). Geradeaus auf Teer, gemeinsam mit Querweg Lahr – Rottweil (rot-blaue Raute auf gelbem Grund). Vorbei an mehreren Höfen ansteigen und rechts ab über einen Hof in den Wald. Wieder auf freiem Feld am Ende nach links und rechts auf der Straße zum **Gasthaus Staude**.

Links auf dem Weg »Vogte« in Talsenke mit Gehöft. Am Wald rechts ab auf kräftig steigenden Weg. Fahrweg schräg kreuzen, einen weiteren kurz berühren und schließlich auf der Höhe bei Hütte links in einen dritten.

Bald trennen sich die Wege, der Mittelweg biegt halbrechts ab. Geradeaus, bei Wegteilung rechts, vorbei an Felsblock. Schließlich entlang Tennisplatz, halblinks in Pflasterweg und bei Sportanlagen zu den ersten Häusern von **St. Georgen**.

Geradeaus auf »Am Stadion« und am Ende halbrechts Fußweg durch Waldstreifen. Weiter Mozartstraße, am Ende rechts den Pavillonweg abwärts, links Rossbergstraße und rechts auf den Bärenplatz. Der Mittelweg läuft kurz die Bahnhofstraße hinunter (geradeaus zum Bahnhof, 1 km), dann rechts in die Gewerbehallestraße.

Der Wechsel von Wald und aussichtsreichen Wiesen prägt das Hochland rund um Sankt Georgen.

21

St. Georgen – Furtwangen

Ausgangspunkt: St. Georgen Bärenplatz, Bahnhof 1 km abseits.
Zielpunkt: Furtwangen Rössleplatz, Bus.
ÖPV unterwegs: Außer Schulfahrten keine Anbindung.
Charakter: Höhenwanderung ohne steilen Anstieg, unterschiedliche Wege.
Einkehr/Übernachtung: St. Georgen, NFH Hirzwald (abseits), Stöcklewaldturm, Furtwangen.

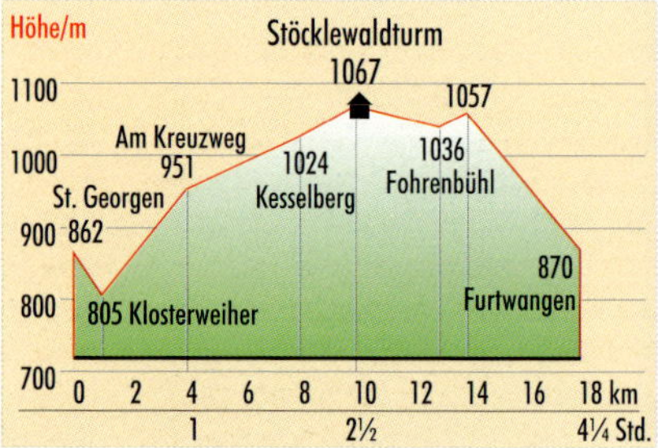

Karte: KOMPASS Nr. 770.

Nach lang gezogenem Aufstieg überschreitet der Mittelweg erstmals 1000 m und läuft über den Kesselberg zum Stöcklewaldturm. Der steile Abstieg nach Furtwangen ist nur kurz.

Vom Bärenplatz kurz die Bahnhofstraße hinunter und rechts in die Gewerbehallestraße. Am Ende

rechts und vor Parkplatz links den Fußweg Schmiedegrund abwärts. Im Tal unter der B 33 durch und beim **Klosterweiher** links halten. Den Straßenzubringer hoch, über die Bahn, am Bushalt Winterberg links ab und geradeaus den Rosenweg aufwärts (Zugang von der Rückseite des Bahnhofs, blaue Raute mit weißem Strich) zum Waldrand. Rechts abwärts zu Fahrweg. Links, meist ansteigend

durch Wald, 2 km zu Wasserbehälter. Rechts zur Straße **Am Kreuzweg**.
Schräg links über die Straße und dem rechts biegenden Schotterweg folgen. Bei Waldaustritt links in unbefestigten Weg, im Wald bleiben. Am Ende halblinks, kurz ansteigen und über Fahrweg hinweg zu Straße. Rechts auf Parallelpfad, dann zweimal die Straßenseite wechseln, schließlich in freiem Feld unmittelbar neben der Straße. Auf Höhe von Wartehäuschen rechts versetzt weglos am Waldrand. Bei weißem Haus (Rastplatz) geradeaus, kurz in den Wald ansteigen und links auf Pfad über die Kesselbergverwerfung (Tafel). Bei Hütte an Waldecke rechts, Querweg schräg auf den rechten Weg kreuzen (200 m rechts das Naturfreundehaus Hirzwald), und schließlich mit Pfad auf den **Kesselberg** (1024 m).
Auf den linken Weg, geradeaus durch Wiese auf Strommast zu und rechts die Böschung hinunter zu Straße. Jenseits weiter auf Parallelpfad, oberhalb der Böschung die Richtung beibehalten und im Wald über Kuppe mit zwei Steinsäulen (alter Galgenplatz). Schließlich schräg über die Straße hinweg auf breiten Fahrweg. Zunächst geradeaus, dann an Gabel links aufwärts zum **Stöcklewaldturm** (1067 m, Wanderheim). Kurz vor dem Turm scharf rechts hinunter, Leitung entlang. Geradeaus, teils am Waldrand, 2 km zu zwei Weggabeln am **Fohrenbühl**, jeweils links weiter. Auf breitem Schotterweg zu Wasserbehälter, rechts biegen und an bemoostem Felsstein mit dem Hauptweg rechts ab. Abwärts und am Ende links auf breitem Schotterweg weiter im Hang. Ende der Schotterdecke geradeaus, dann in den nächsten Weg halbrechts hinunter und geradeaus auf grasigem Weg abwärts nach **Furtwangen**.
Zwischen den ersten Häusern scharf rechts hinunter, kurz auf der »Sonnhalde«, dann Fußweg. Am Ende die Ortsstraße weiter abwärts zum Rössleplatz (Busbahnhof) und geradeaus in die Stadtmitte.

Uhren und Musikgeräte

Furtwangen ist das Zentrum der Schwarzwälder Uhrenindustrie. Die heutige Fachhochschule ist aus einer Lehranstalt für Uhrmacher entstanden. Das Deutsche Uhrenmuseum (Robert-Gerwig-Platz 1) beherbergt eine der weltweit umfassendsten Sammlungen, neben Zeitmessern aller Art auch mechanische Musikinstrumente und -automaten.
In St. Georgen entwickelte sich aus der Uhrenfertigung auch elektrotechnische Industrie, die die Stadt bis in die 70er Jahre des vergangenen Jh. zu einem bedeutenden Standort der Phonogerätefertigung machte. Das Deutsche Phonomuseum (im Rathaus, Hauptstraße 9, außer sonntags) zeigt sehr interessante Exponate.
Eine komplett eingerichtete Uhrmacherstätte aus der Anfangszeit des Handwerks kann man in Neustadt in den Heimatstuben beim Kurgarten (Scheuerlenstraße 31, montags, donnerstags, freitags) besichtigen.

22

Furtwangen – Neustadt

Ausgangspunkt: Furtwangen Rössleplatz, Bus.
Zielpunkt: Neustadt Bahnhof.
ÖPV unterwegs: Sternenhütte.
Charakter: Höhenwanderung, anfangs steiler Aufstieg, am Ende steiler Abstieg, unterschiedliche Wege.
Übernachtung: Furtwangen, Kalte Herberge, Hochberg, Neustadt (JH am Weg).

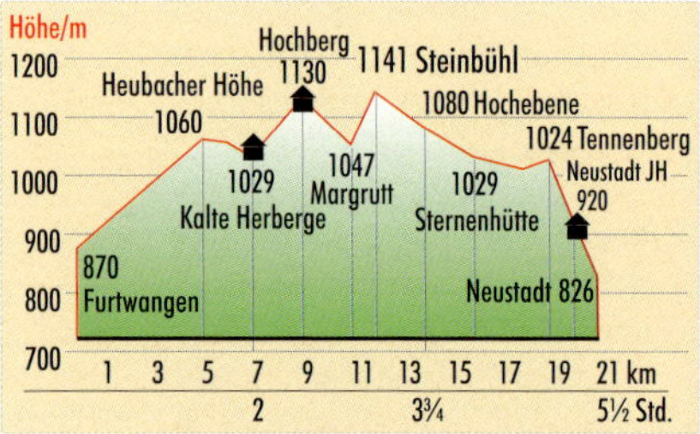

Karten: KOMPASS Nr. 770 und 771.

Es geht überwiegend im Wald durch die hochgelegene Hügellandschaft des Mittelschwarzwalds. Vom Marktplatz im Stadtzentrum kurz links die Verkehrsstraße entlang. An der Kirche wenige Meter links und rechts durch die Bahnhofstraße zu Ampelkreuzung. Gemeinsam mit Querweg Schwarzwald-Kaiserstuhl-Rhein (rote Raute auf gelbem Grund) auf der anderen Straßenseite rechts einen Pfad die Böschung hoch und durch den Hang. Ein Stück durch Wald, dann trennen sich vor weißem Haus die Wege. Links, dann auf Pfad um ein Firmengelände und durch das Tal der Hinteren Breg zur Landessiedlung. Straße kreuzen, über den Bach und nach links. Vor Haus 9 geradeaus steil hoch in den Wald. Auf Pfad, dann Waldweg aufwärts, am Waldrand rechts und unter der B 500 durch.

Vorbei an Anwesen und auf Wiesenweg zum Wald hoch. Parallel zur Straße, an Wegteilung auf den mittleren Weg und kurz darauf halbrechts aufwärts. Zuletzt auf Pfad zur **Heubacher Höhe**. Ab Waldrand gemeinsam mit dem Westweg (rote Raute) weiter in Straßennähe bleiben, bald auf schmalem Pfad, bald auf Waldwegen. Vorbei am Hohlen Bildstöckle schließlich zu einem Fahrweg. An Gabel rechts und sofort links in einen unbefestigten Weg, dann im weiten

Beim Gasthof in Hochberg.

Bogen zur **Kalten Herberge**, das letzte Stück auf Straße.
Ein Stück die B 500 entlang und auf die andere Seite wechseln. An der Waldecke trennen sich die Wege, der Mittelweg biegt links in den Teerweg. Kräftig ansteigen und am höchsten Punkt (Blick auf den Feldberg) links in ungeteerten Weg. Durch Wald zur Hofgruppe **Hochberg**. Am Waldrand geradeaus, vorbei am Gasthaus Engel und wieder in den Wald. Schließlich abwärts zu den Höfen von **Margrutt**. Die Straße ein Stück links und halbrechts Schotterweg aufwärts. Am Waldeintritt halbrechts einen steinigen Weg hoch auf den **Steinbühl** (1141 m). Immer geradeaus an einem Kapellchen vorbei auf die offene **Hochebene**. Am Denkmal für die Gefallenen der Befreiungskriege geradeaus und auf dem Teerweg bleiben bis zum Waldrand. Halbrechts hinunter, vorbei an Haus und geradeaus Leitung entlang. Rechts auf Fahrweg zu Straße, links, Querstraße kreuzen (150 m links **Sternenhütte**) und auf unbefestigtem Weg in den Wald.
Geradeaus über schrägen Querweg und Fahrweg hinweg, dann auf Fahrweg an Hütte vorbei und an Schrägkreuzung halbrechts zum Wiedenkreuz. Rechts auf Fahrweg zum Aussichtspunkt **Tennenberg** (Hütte, Rastplatz). Auf unbefestigtem Weg steil abwärts. Im Wiesengelände oberhalb von Neustadt an Baumgruppe auf dem rechten Weg hinunter zur **Jugendherberge**. An Steinkreuz halbrechts auf fallenden Weg, über zwei Ortsstraßen hinweg. Am Wasserbehälter geradeaus und die Rudenberger Straße abwärts bis Haus 5. Davor scharf rechts hinunter und geradeaus neben der Kirche hoch. Links in die Scheuerlenstraße, geradeaus die Fußgängerzone Hirschenbuckel hinunter, über die Gutach und links versetzt zum Bahnhof.

Westroute: Neustadt – Häusern

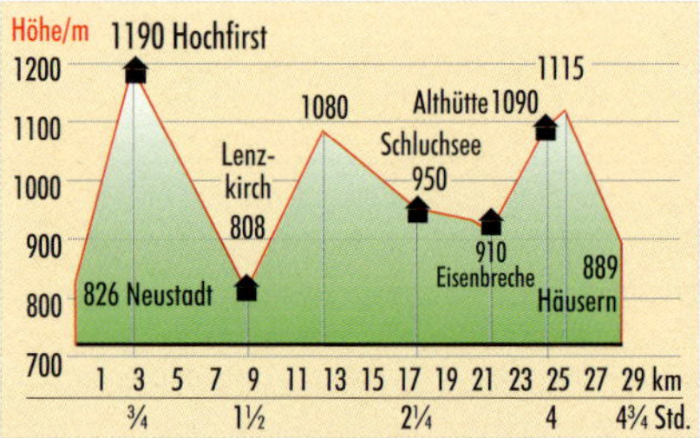

Ausgangspunkt: Neustadt Bahnhof.
Zielpunkt: Häusern an B 500 Schluchsee – Waldshut, Bus.
ÖPV unterwegs: Bus Lenzkirch, Bahn Schluchsee, Seebrugg.
Charakter: Vielfältige Strecke mit beträchlichem, teils steilem Auf und Ab.
Einkehr/Übernachtung: Neustadt (JH siehe Tour 22), Hochfirst, Lenzkirch, Schluchsee (JH 1 km abseits), Seebrugg (JH), Eisenbreche (nur E), Sommerseite (nur E), Althütte (nur E), Häusern.
Karte: KOMPASS Nr. 771.

Zunächst erklimmen Sie mit steilem Auf und Ab den Hochfirst, einen der schönsten Aussichtsberge im Schwarzwald. Von Lenzkirch geht es mit langem Anstieg wieder hoch und dann hinunter zum Schluchsee. Der dritte Aufstieg bringt Sie dann über die Höhe nach Häusern.
Auf der Saiger Straße über die Bahn und unter der Brücke der Umgehungsstraße links in den Fär-

Am Hierabrunnen zweigt der Mittelweg nach Lenzkirch ab.

Auf dem Hochfirst bietet sich ein fantastischer Blick über den Titisee hinweg.

berweg. Links auf Pfad am Bach aufwärts, bei künstlichem Wasserfall mit mehreren Biegungen ansteigen. Ein Stück auf Fahrweg, in Linkskurve geradeaus auf den mittleren Waldweg. Links aufwärts auf Pfad und Fahrweg schräg kreuzen. An Pfadteilung entweder gleich links hoch oder geradeaus über das Saiger Kreuz (Rastplatz) und links auf den Teerweg. Scharf rechts steil aufwärts zu Fahrweg im Hang. Jetzt scharf links auf steilem Waldweg, gemeinsam mit Querweg Freiburg-Bodensee (weiß-rote Raute auf gelbem Grund), auf den **Hochfirst** (1190 m, Aussichtsturm).

Gegenüber dem Gasthaus auf ebenen Weg Richtung Vögelefelsen. Übergehend auf Fahrweg vorbei an dem Felsen und bei Hütte geradeaus auf dem Bergrücken bleiben. Kurz nach Rechtsknick trennen sich die Wege (links der Hierabrunnen, Hütte, Rastplatz). Geradeaus auf einen unbefestigten Weg. Fahrweg kreuzen und im offenen Hang den rechten Waldweg steil hinab. Scharf links in Hangweg, kurz auf Fahrweg und rechts ab steil hinunter. Weiteren Fahrweg kreuzen und an Gabel halbrechts ab. Vorbei an Wasserbehälter zu Anbetungskreuz, geradeaus steil hinunter, dann auf Fahrweg über eine Kuppe und steil abwärts nach **Lenzkirch**.

Geradeaus Schloßschachenweg und »Im Angel« zur Ortsmitte.

Rechts über die Haslach und an Kirche/Rathaus geradeaus Richtung Schaffhausen (B 315). Vor dem Gasthaus Maximilian rechts in die Bühlstraße. Beim letzten Haus zum Wald hoch und geradeaus aufwärts.

Scharf links in Teerweg. Auf dem Weg bleiben, wieder in Siedlung und am Ende rechts aufwärts zu Sportanlagen. An Wegteilung links auf Teerweg (Karl-Carstens-Weg). Auf dem dann ungeteerten Weg ansteigend durch den Wald und über die Höhe hinweg geradeaus bis zur Waldecke. Hier teilt sich der Mittelweg.

Die Westroute geht rechts am Waldrand abwärts. An ehemaligem Hof die Richtung beibehalten und geradeaus auf Teerweg zu Hof mit Holzkapellchen. In derselben Richtung zunächst geradeaus, Schranke passieren, und nach wenigen Schritten rechts ab. Durch den Hang (Blick auf den Schluchsee) bis Felsaufschluss, hier scharf rechts auf Pfad den offenen Hang hinunter (zum Aussichtsturm auf dem Riesenbühl kurz geradeaus und scharf links hoch).

Schluchsee

Der Schluchsee war ursprünglich ein kleiner Karsee und wurde 1932 durch den Bau der Schwarza-Staumauer bei Seebrugg zum Stausee und zum größten Schwarzwaldsee. Er ist Teil des zur Wasserkraftgewinnung dienenden Schluchseewerks, das sich treppenartig vom Windgfällweiher (966 m) bis zum Rhein bei Waldshut (310 m) erstreckt.

Der Schluchsee ist der größte Schwarzwaldsee.

Bei Eintritt in Hochwald auf festen Weg und geradeaus abwärts bis oberhalb des Ortsrandes von **Schluchsee**. Mit dem Hauptweg rechts hinunter, links in Ortsstraße und nach dem Hotelkomplex halbrechts auf den linken Fußweg durch Wiesen. Rechts auf Verkehrsstraße, links biegen und geradeaus zu Rathaus/Kurverwaltung.

Links ab und links in Fußgängerzone Kirchplatz. Rechts die »Kirchsteige« hinunter, geradeaus Faulenfürster Straße, links biegen und rechts Fußweg in den Wald hoch. Kurz rechts auf Fahrweg, an der Kohlgrube links und geradeaus zu Parkplatz. Der Straße (B 500) links folgen und mit der zweiten Brücke rechts über das Bahngleis zum **Bahnhof Seebrugg**.

Geradeaus und vor der Jugendherberge rechts ab wieder zur B 500. Die Straße 800 m entlang, dann rechts über die Staumauer. Am Ende scharf links hinunter auf Fußweg nach **Eisenbreche**. Hier rechts die Straße hoch, beim letzten Haus links auf Fußweg und steil im Wald hoch wieder zur Straße (Sommerseite). Nun 2 km auf der Straße aufwärts bis **Althütte**. Geradeaus zum Waldrand. Links auf ungeteertem Fahrweg 3 km durch Wald abwärts nach **Häusern**. Im Ort die B 500 kreuzen auf die St. Fridolinstraße.

Westroute: Häusern – Waldshut

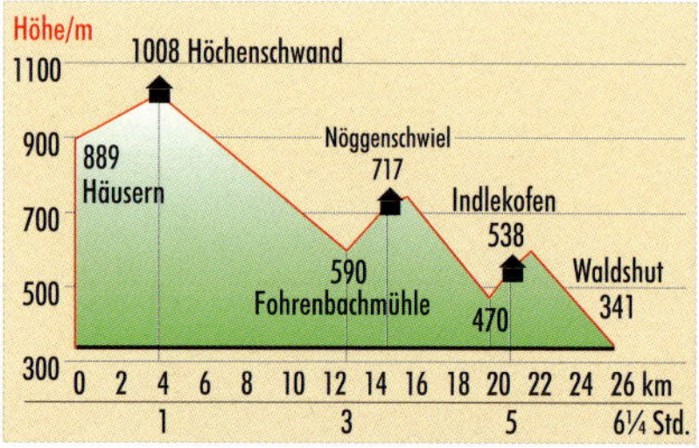

Ausgangspunkt: Häusern an B 500 Schluchsee – Waldshut, Bus.
Zielpunkt: Waldshut Bahnhof.
ÖPV unterwegs: Bus Höchenschwand, montags – freitags: Nöggenschwiel, Heubach, Indlekofen.
Charakter: Abwechslungsreiche Höhen- und Talwanderung auf unterschiedlichen Wegen, einige Steigungen.
Einkehr/Übernachtung: Häusern, Höchenschwand, Nöggenschwiel, Indlekofen (nur E), Wildpark (nur E), Waldshut.
Karte: KOMPASS Nr. 771.

Heute streifen Sie auf und ab durch den Hotzenwald, die Aussichtsterrasse des Südschwarzwalds. Immer wieder reicht der Blick weit Richtung Süden. Ein Höhepunkt ist die Wanderung durch die Steilwand des Schwarzatals.

Auf der St. Fridolinstraße vorbei an der alten Volksschule. Kurz hinter Brunnen linksbiegend auf den »Felsenweg« und an Gabel am Umspannhäuschen rechts. Auf Fahrweg aus dem Ort und rechts auf Waldlehrpfad, vorbei an Felsriegel. Rechts versetzt unter der

Der Felsenweg durch die Schwarzahalde zählt zu den schönsten Passagen am Mittelweg.

Höchenschwand.

Straße (B 500) durch. An Sportplatz links und geradeaus auf die Höchenschwander Straße. Zwischen Firmengebäuden durch und am Waldrand aufwärts. Bei Skilift links halten und weiter steigend durch Wald nochmals unter der Straße durch nach **Höchenschwand**.

Kapelle bei Nöggenschwiel.

An Kirche und Kurhaus geradeaus auf die St.-Georg-Straße. Die Straße entlang abwärts aus dem Ort bis zum Waldrand. Links neben großem Steinkreuz auf einen Waldweg, später auf Pfad. An Gabel rechts, allmählich abwärts, zwei Waldwege queren und kurz rechts auf Fahrweg. An Sitzbank rechts hinunter auf Pfad. Eine Weggabel schräg kreuzen, weiter auf Pfad zu Fahrweg. Kurz darauf an Gabel auf den rechten Weg und links wieder auf Pfad (Wegweiser »Wasserfelsen«). Nun teilweise gesichert durch die Schwarzahalde, die Steilwand des Schwarzatals, die vom Weg aus nahezu senkrecht 150 m abfällt und bis zu 250 m ansteigt. Am Ende des Felsenwegs kurz nach Rastplatz Waldweg schräg kreuzen, weiter auf Pfad. Vorbei an Hütte Harzerhäusle schließlich kurz kräftig ansteigen zu Splittweg. Diesen wieder abwärts, am Ende rechts und in ein Seitental biegen. Im Auslauf einer Kehre rechts ab (Stampfeweg), dann links auf Pfad hinunter ins Tal. Über einen Seitenbach und auf Teer abwärts zur **Fohrenbachmühle** (Rastplatz).

Zunächst geradeaus, dann rechts auf den kräftig ansteigenden Wolfbachweg. Geradeaus das enge Tal hoch zum »Rosendorf« **Nöggenschwiel**. Im Ort rechts und auf »Zum Mühleholz« zum Roseneck

Das Kennzeichen von Nöggenschwiel: Rosen.

am Umspannhaus. Rechts auf der Straße über die freie Höhe zur Kapelle Heubach an Straßentreff.

Rechts halten auf einen Wirtschaftsweg. Mit weitem Rechtsbogen ins Tal und bei den ersten Häusern von Heubach links ab. Straße queren und in den nächsten Weg rechts. Auf Pfad in den Wald und über den Bach. Kurz am Waldrand, gleich wieder links in den Wald und auf Fahrweg talwärts. Einen Teerweg kreuzen. Der Bach mündet in den hinunterschießenden Haselbach (rechts steiler Pfad zum Aispeler Wasserfall). An Stauwehr über den Bach und auf Pfad durch den jenseitigen Hang. Dann wieder auf dem Talweg bis zu Gabel. Rechts über den Bach und an Scheune vorbei aus dem Wald. Rechts auf Teer kräftig ansteigen nach **Indlekofen**.

Auf der Straße in den Ort und unterhalb der Kirche scharf links in den Wildparkweg. Hinter Haus 7 auf den linken Ortsweg und geradeaus auf Feldweg durch Streuobstwiesen. Geradeaus kräftig ansteigen und auf der Straße ins freie

Feld. Unter Stromleitungen links ab Richtung Wildgehege. Im Wald an Parkplatz geradeaus auf breiten Fahrweg und kurz darauf an Gabel rechts auf schmalerem Weg bis zu Gatter. Links auf Pfad und rechts in den frei zugänglichen Wildpark.
Geradeaus an Gaststätte vorbei und vor Steinwildgehege rechts. Scharf links schmalen Weg hinunter und unterhalb des Geheges rechts auf Fußweg. Über mehrere Querwege hinweg abwärts nach **Waldshut**. Scharf links Ortsstraße hinunter, links in »Sonnenrain«, nach 50 m rechts Treppenweg, vorbei an Firma Sedus-Stoll. Auf der Brückenstraße über die Bahn und links hinunter zum Bahnhof.

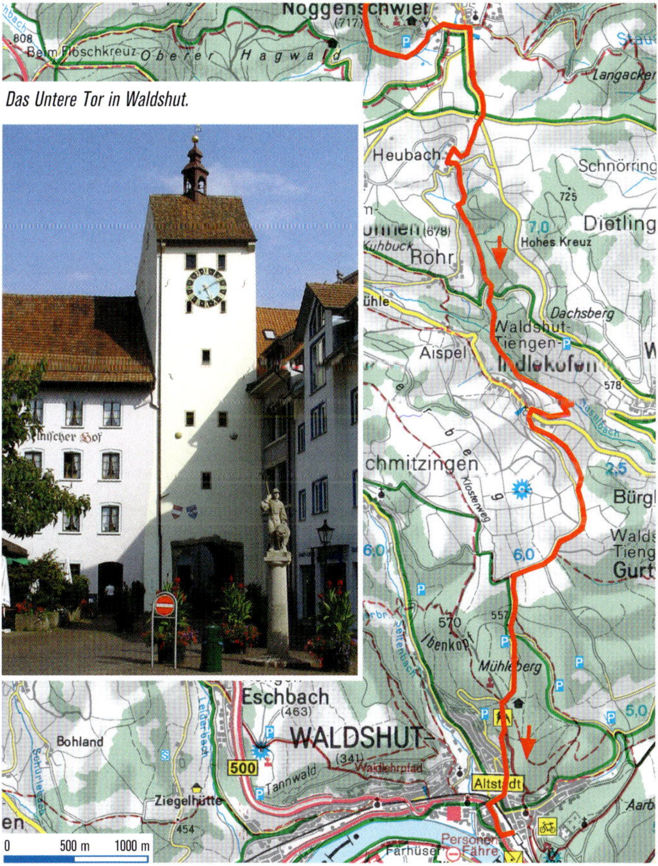

Das Untere Tor in Waldshut.

25

Ostroute: Neustadt – Rothaus

Ausgangspunkt: Neustadt Bhf.
Zielpunkt: Rothaus an Straße Seebrugg – Bonndorf/Grafenhausen, Bus.
ÖPV unterwegs: Bus Lenzkirch.
Charakter: Höhenwanderung mit steilem Auf und Ab, unterschiedliche Wege.
Einkehr/Übernachtung: Neustadt (JH, s. Tour 22), Hochfirst, Lenzkirch, Rothaus, Brünlisbach.

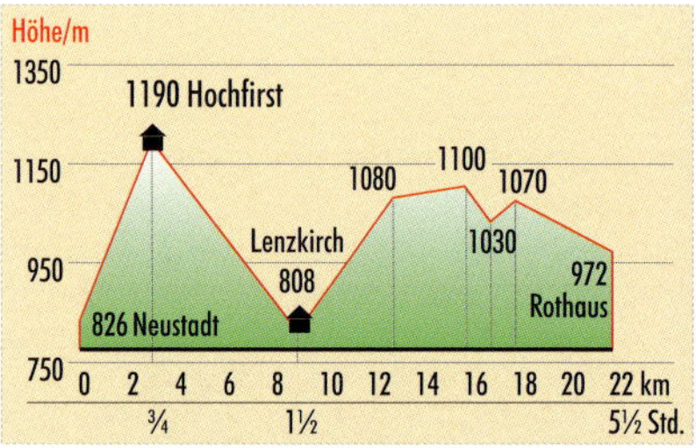

Karte: KOMPASS Nr. 771.

Zunächst erklimmen Sie mit steilem Auf und Ab den Hochfirst, einen der schönsten Aussichtsberge im Schwarzwald. Von Lenzkirch geht es mit langem Anstieg wieder auf die Hochfläche.

Tourenbeschreibung bis zur Routentrennung des Mittelwegs siehe Etappe 23 (S. 86ff).

Die Ostroute läuft geradeaus weiter. Noch kurz aufwärts schließlich zur Straße Schluchsee – Bonndorf (Blick auf den See).

Geradeaus auf unbefestigtem Weg. Nach 300 m rechts hinunter in eine Senke. Fahrweg schräg kreuzen auf Pfad. In sumpfiger Bachsenke 150 m links auf Fahr-

Das Heimatmuseum »Hüsli« in Grafenhausen Rothaus, bekannt als Chefarztvilla in der TV-Serie »Die Schwarzwaldklinik«. (Rothauser Land Information Grafenhausen)

weg. Rechts über den Bach auf ansteigenden Pfad. Weiter auf Waldweg, Fahrweg kreuzen, und an Waldecke rechts in festen Weg. Geradeaus am Waldrand über Teerweg hinweg und im Wald vor einer Straße links in Fahrweg.

Nach 2 km zu Straßengabel in freiem Gelände. Geradeaus Richtung Grafenhausen und einen Kilometer auf der Straße über Dürrenbühl nach **Rothaus**. Am Ende des Brauereigebäudes links ab zum Hotel an der Straßengabel. Geradeaus über die Querstraße und sofort rechts hinunter nach Brünlisbach.

Rothaus und Hüsli

Seit 1792 besteht die auf Anregung des Fürstabtes des Klosters St. Blasien gegründete Staatsbrauerei Rothaus. Überregional bekannt wurde das nahebei gelegene Heimatmuseum »Hüsli« mit volkskundlicher Sammlung als Drehort der populären Fernsehserie »Schwarzwaldklinik« und erlebt seither einen ungeahnten Besucherandrang.

26

Ostroute: Rothaus – Waldshut

Ausgangspunkt: Rothaus an der Straße Seebrugg – Bonndorf/Grafenhausen, Bus.
Zielpunkt: Waldshut Bahnhof.
ÖPV unterwegs: Bus Mettmabrücke, Witznau, Gurtweil Bruckhaus, Waldfriedhof.
Charakter: Größtenteils Talwanderung mit Auf und Ab in den Hängen. Zwischen Mettmabrücke und Straße Aichen – Gutenberg auf teils sehr steilen, exponierten Pfaden, die bei ungünstigen Bedingungen (Glätte, Schlechtwetter) nicht begangen werden können.

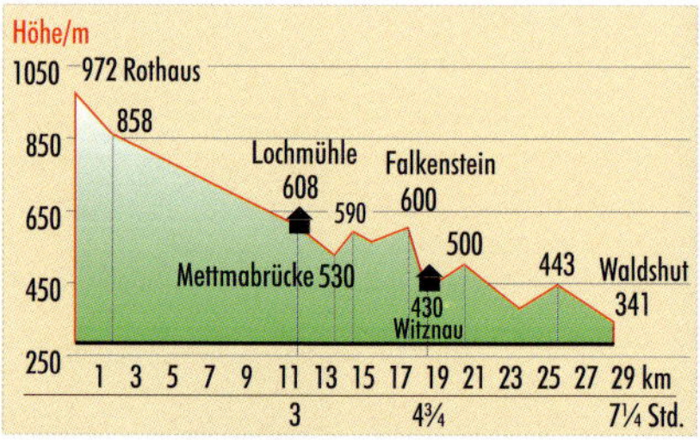

Einkehr/Übernachtung: Rothaus, Brünlisbach, Lochmühle (nur Ü), Witznau, Gurtweil, Waldshut. Bis Witznau auf 18 km keine Einkehr.
Karte: KOMPASS Nr. 771.

Bis auf die letzten 5 km wandern Sie durch die tief eingeschnittenen Wald- und Felstäler von Mettma und Schlücht. Zum Schluss geht es über einen Höhenrücken hinunter nach Waldshut.

Von **Rothaus** rechts hinunter nach Brünlisbach. Am Ende des geschlossenen Orts linksknickend auf Teerweg. Im Wald vorbei an Hütte zu Fahrweg. 50 m geradeaus, dann rechts Pfad hinunter zur Schaffhauser Säge. Rechts auf der Straße über die Mettma einen Kilometer bis zur alten Wegsäule am Parkplatz Lanzenfurt. Links auf Fahrweg das Tal abwärts. Nach 700 m auf die andere Seite, einen Kilometer weiter die einsame Klausenmühle, nach einem weiteren Kilometer die Heidenmühle. Über die Straße, vorbei an ehemaligem Sägewerk. Nach einem Kilometer Hütte mit Rastplatz und Brunnen, kurz darauf auf die andere Seite. Nach 1,5 km an Einmündung wieder über die Mett-

Viele Wege führen nach Rothaus.

Die Schlussetappe der Ostroute des Mittelwegs bietet felsige Ansichten.

ma, jetzt bleibt der Weg den Rest des Tals an der linken Seite. Vorbei am langgestreckten Mettmastausee zur **Lochmühle**. Schließlich zur Straße im tief eingeschnittenen Schlüchttal, hier mündet die Mettma in die Schlücht (Bushalt **Mettmabrücke**).

Auf der Straße über die Mettma und sofort rechts im jenseitigen Hang einen Waldweg hoch. Bald scharf links auf teils felsigem Pfad sehr steil ansteigen. Nach ebenem Stück an Wegtrennung links aufwärts und am höchsten Punkt links auf Pfad zu Waldweggabel. Auf dem rechten Weg (Wegweiser »Aussicht«) auf und ab über den Höhenrücken.

Bei einem Strommast steht man plötzlich an der 70 m abfallenden Felswand (Vorsicht, keine Sicherung!). Vor dem Mast rechts Serpentinenpfad hinunter. Über Querweg hinweg auf einen Waldweg und kurvenreich durch den oberen Talhang, vorbei an mehreren Aussichtspunkten. An Wegteilung auf den linken Weg, allmählich zum Falkenstein ansteigen und mehrere Leitungstrassen kreuzend zu Straße. 50 m links, rechts auf Pfad die Böschung hoch und geradeaus auf Waldweg. Kurz vor Leitungsmast halblinks steil hinunter, dann kurz vor Straßenkehre scharf rechts auf Serpentinenpfad sehr steil abwärts. Im Tal auf Straße links nach **Witznau**. Links ein Stück die Straße Richtung Grafenhausen, dann an der Hilpermühle rechts ab, über die Schlücht und vorbei an Sägewerk auf Teer steil ansteigen. Nach Kehre rechts auf schmalen Pfad. Mit teils sehr steilem Auf und Ab durch den oberen Talhang. Einen Fahrweg kreuzen und einen weiteren in einem Seitental kurz berühren. Schließlich auf Hangsporn links in Querpfad zur Straße Aichen – Gutenburg.

Rechts die Straße entlang in ein Gebiet mit einem wahren Gewirr an Stromleitungen, die von den Kraftwerken am Rhein herkommen. Nach 500 m halblinks auf Teerweg abwärts nach Gutenburg. Bei Gehöft rechtsbiegend geradeaus und abwärts ins Tal. Kurz vor Verkehrsstraße links auf ungeteerten Fahrweg und die Schlücht entlang nach **Gurtweil**. Am Bruckhaus rechts auf der Straße über den Fluss, am Kreisel kurz geradeaus, dann links in den Rehbergweg. Nach Linksschwenk rechts Hermann-Keßler-Weg, am Ende auf Fußweg rechts an Schule vorbei, geradeaus auf den Steggelenweg und unterhalb des Waldrands links durch die Siedlung. Rechts auf Straße 800 m aufwärts bis Waldeintritt. Halblinks auf den Aarbergweg.

An Wegetreff rechts (Grabenweg) und auf freiem Feld an Steinkreuz geradeaus. Kurz links auf Straße am Waldrand, dann halb-

rechts in unbefestigten Weg. An drei Gabelungen zunächst rechts, dann links, dann wieder rechts. Bald links ab, dann rechts biegen zur Ecke des großen Bergfriedhofs. Links zur Straße, nach 20 m rechts auf den Stationenweg und geradeaus in Siedlung.

Straße kreuzen und auf Stationenweg zur Kalvarienbergkapelle. Geradeaus den Hang hinunter, rechts auf querenden Fußweg und mit Linkskehre zur Mariengrotte. Am Ende scharf rechts, geradeaus auf Straße abwärts und bei den ersten Häusern von **Waldshut** links einige Stufen hinunter auf Fußweg in die Stadt. Links, geradeaus Theodor-Wagner-Straße und durch die Unterführung zum Bahnhof.

Die Kaiserstraße in Waldshut.

27

Pforzheim – Bad Liebenzell

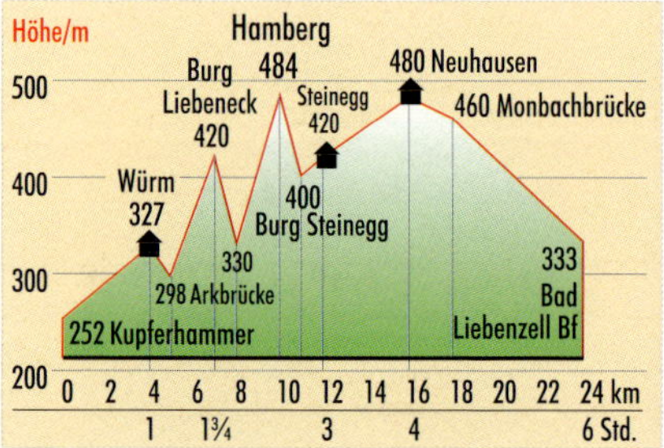

Ausgangspunkt: Pforzheim Hauptbahnhof oder Gasthaus Kupferhammer an der B 463 (Bus, zu Fuß siehe S. 17).
Zielpunkt: Bad Liebenzell Bahnhof.
ÖPV unterwegs: Bus in allen berührten Orten.
Charakter: Eine vielfältige Tal- und Höhenwanderung, unterschiedliche Wege. Im Monbachtal ist der Weg bei Hochwasser nicht begehbar.
Einkehr/Übernachtung: Pforzheim (JH 2 km abseits, siehe Tour 16), Würm, Steinegg, Neuhausen, Bad Liebenzell.
Karte: KOMPASS Nr. 769.

Der Ostweg führt zunächst das Würmtal aufwärts und läuft dann über die Gäu-Hochfläche. Durch das wildromantische Monbachtal geht es ins Nagoldtal.
Die drei großen Schwarzwaldwege beginnen offiziell am Ghs. Kupferhammer an der Nagold, unweit der Mündung der Würm (Anschluss vom Hauptbhf. s. S. 17). Der Ostweg biegt am Gasthaus links ab. Noch auf Höhe der Gebäude auf Parallelweg in den Hang. Am Ende rechts einen Fahrweg hoch. Durch Seiteneinschnitt und weiter auf Pfad. Wieder rechts Fahrweg hoch, an Wegteilung links zu Straße und hinunter nach **Würm**. Geradeaus durch den Ort, auf schmaler Straße abwärts und auf der **Arkbrücke** über die Würm. Straße schräg rechts kreuzen auf ansteigenden Fahrweg und geradeaus aufwärts zur **Burg Liebeneck**.
Rechts ab und links des Zugangs einen Pfad hinunter. An Gabel rechts, mit Kehre über einen Fahrweg hinweg zu weiterem Fahrweg und links hinunter. Straße kreuzen, über die Würm und an Wegedreieck scharf links ab. An zwei Gabeln rechts aufwärts, aus dem Wald und auf Teer nach **Hamberg**. Kurz links, rechts Schlossstraße und halblinks auf unbefestigtem Weg in den Wald. Fahrweg

Burgen am Ostweg

Die aus dem 12. Jh. stammende ***Burg Liebeneck*** (urkundlich erwähnt 1263) wurde 1828 zerstört.
Aus dem 15. Jh. stammt die 1840 zerstörte ***Burg Steinegg***. Sie war Mittelpunkt der kleinen Herrschaft Hagenschieß.
Die ***Burg Liebenzell*** wurde um das Jahr 1200 erbaut und gilt als Musterbeispiel des Burgenbaus der Stauferzeit. Zuletzt im Besitz der Markgrafen von Baden wurde sie 1692 zerstört. Heute befindet sich dort eine internationale Bildungsstätte.

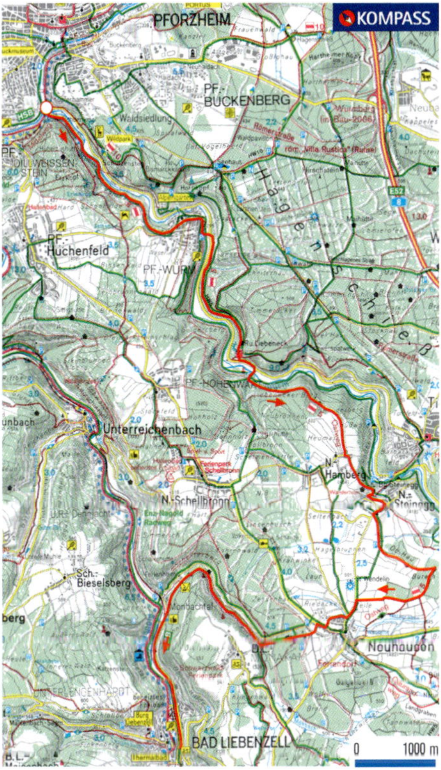

kreuzen, linksbiegend auf Pfad, dann Treppenweg hinunter zu weißer Kapelle und rechts zur **Burg Steinegg**.
Neben dem alten Friedhof rechts hoch, gemeinsam mit Gäurandweg Mühlacker – Schopfloch (grüne Raute mit Hagebutte), dann scharf links in den Ort **Steinegg**.
Rechts Liebenzeller Straße, kurz vor Ortsende links Uhlandstraße und vorbei am Friedhof in den Wald. Kurz über freies Feld, wieder im Wald rechts ab und vorbei an der Volkerthütte geradeaus am Waldrand entlang, zuletzt auf unbefestigtem Weg (Gäurandweg biegt ab). An der Waldecke kurz links und rechts in Feldweg, dann links die Straße entlang nach **Neuhausen**.
Ohne die Ortsmitte zu berühren rechts in die Rheinstraße, am Ende rechts und links Hesselbachstraße. Vor Bushalt links in »Am Zeller Pfad« und vorbei an Firmenparkplatz in den Wald. Über Querweg hinweg und auf dem mittleren, eingeschnittenen Weg abwärts zur **Monbachbrücke**. Rechts ab auf den Fußweg ins Monbachtal. Sechsmal queren Sie den Bach auf Steinblöcken. Nach dem vierten Mal ein Rastplatz mit Hütte, dann an Gabel rechts. Schließlich wenige Meter auf festem Weg, nochmal über den Bach und an einem Wehr vorbei. Neben Freizeitanlagen im Wald bleiben, bei Minigolfplatz auf den linken Pfad. Wenige Meter abwärts auf Fahrweg und links auf dem »Unteren Eisenbahnweg« nach Bad Liebenzell. Diesseits der Bahn bleiben, kurz aufwärts, die Schillerstraße wieder hinunter und geradeaus zum Bahnhof.

28

Bad Liebenzell – Bad Teinach

Ausgangspunkt: Bad Liebenzell Bhf.
Zielpunkt: Bad Teinach, Bus.
ÖPV unterwegs: Bahn Hirsau, Calw, Bus Zavelstein.
Charakter: Zunächst Tal-, dann Höhenwanderung mit steilem Auf und Ab, unterschiedliche Wege.
Einkehr/Übernachtung: Bad Liebenzell, Hirsau, Calw (JH), Zavelstein, Bad Teinach.

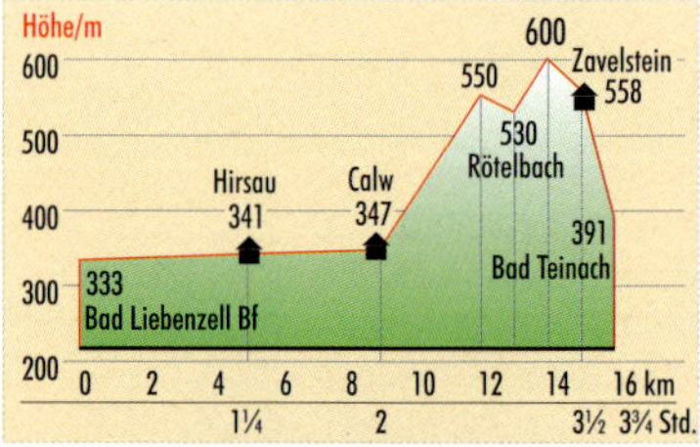

Karte: KOMPASS Nr. 769.

Kloster Hirsau

Das Kloster war im Mittelalter eines der bedeutendsten nördlich der Alpen. Gegründet 830 nahm es unter Abt Wilhelm (1069–91) die cluniazensische Reform an, deren Zentrum es im Deutschen Reich wurde. Aus den erforderlichen baulichen Neuerungen entwickelte sich eine Bauschule, die bis nach Thüringen und Kärnten ausstrahlte (Beispiel: Alpirsbach, Etappe 31).
1536 wurde das Kloster in der Reformation aufgehoben und 1692 wie das benachbarte Renaissanceschloss zerstört. Seit den 50er Jahren des letzten Jh. wird der Erhalt bzw. Wiederaufbau der Ruinen betrieben. Sehenswert: Romanische Reste der vormaligen Klosterkirche St. Aurelius (heute Pfarrkirche), »Eulenturm« der im Zuge der Reform erbauten neuen Klosterkirche St. Peter und Paul, spätgotische Marienkapelle, Klostermuseum (außer montags).

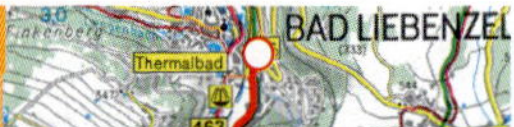

Diese und die folgende Etappe sind relativ kurz und lassen so Zeit für die eine oder andere der zahlreichen Sehenswürdigkeiten, die den Ostweg säumen. Bis Calw geht es durch das Nagoldtal, dann über den Höhenrücken in das Seitental der Teinach. An der abknickenden Vorfahrt geradeaus über den Berliner Platz in den Reuchlinweg. Beim letzten Haus auf den rechten, unteren Weg. Auf Höhe des Mineralbrunnens (andere Talseite) den Teerweg rechts verlassen. Hinter dem ersten Haus

von Ernstmühl halblinks hoch, dann rechts auf unbefestigten, wieder fallenden Weg. Über einen Bach und rechts durch den Hang. Dann rechts auf schmalem Pfad zur Straße und abwärts nach **Hirsau**. Unter der Bahn durch zur Straßenkreuzung am Klostermuseum. Rechts Richtung Pforzheim, über die Nagold, an großer Kreuzung geradeaus, dann links in den Altburger Weg. Rechts zum Wald und gleich links Treppenweg hoch. Dann auf ebenem Hangweg, vorbei an Schutzpilz. Auf Pfad über einen Bach, dann wieder auf Hangweg vorbei an Kieswerk nach **Calw**. Geradeaus an monströsem Parkhaus entlang und auf der Lederstraße in die Fußgängerzone. Rechts die Biergasse hoch zum Marktplatz.
Links den Platz hinunter und rechts in die Salzgasse. »Im Zwinger« kreuzen (links zur JH), auf Fußweg aufwärts. Rechts Treppen hoch, mit Rechtsknick über Straße hinweg und kurz darauf scharf links ab. Links über Wasserlauf, weiter auf Treppenweg.
Den Hangweg links versetzt queren, rechtsbiegend an Sendemast vorbei, kurz auf der Zufahrt, dann halblinks in unbefestigten Waldweg. Geradeaus, vorbei am Schafott (Steinpodest), dann auf Fahrweg. Rechts auf Pfad vorbei an Rastplatz mit Hütte zu Fahrweggabel. Links auf dem rechten Weg entlang Wildgehege zu Straße. Links abwärts in den Talgrund des **Rötelbachs**. Geradeaus kräftig ansteigen, halblinks in Waldweg und bald über Querstraße hinweg. Am Waldrand geradeaus, kurz rechts auf Straße und links (geradeaus zum Wanderheim Zavelstein) auf Wirtschaftsweg. Durch das NSG Krokuswiesen (Blüte im Frühjahr) vorbei am Spinnerin-Kreuz von 1447 nach **Zavelstein**. Links auf »Im Städtle« in den historischen Ortskern. An der Burg links durch kleinen Torgang. Auf Stufen den Wall hinunter und mit Serpentinen abwärts. Links 50 m auf Fahrweg, dann wieder auf Pfad. Über eine Straße hinweg abwärts nach **Bad Teinach**.
Kurz links die »Weihreute« hinunter, rechts in Treppenweg, links Uhland-, weiter Burgstraße in die Ortsmitte. Kurz auf der Verkehrsstraße in die Kuranlagen.

Kloster Hirsau, Kreuzgang.

Bad Teinach – Altensteig

Ausgangspunkt: Bad Teinach, Bus.
Zielpunkt: Altensteig Markt, Bus.
ÖPV unterwegs: Bus in allen berührten Orten (Altensteigdorf eingeschränkt).
Charakter: Höhenwanderung mit steilem Auf und Ab, teils durch Wald, teils durch offene Landschaft.
Einkehr/Übernachtung: Bad Teinach, Oberhaugstett, Wart (abseits), Berneck, Altensteigdorf, Altensteig.

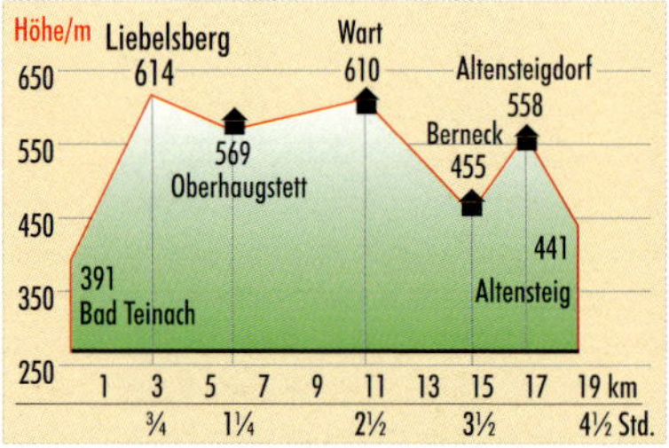

Karte: KOMPASS Nr. 769.

Aus dem Teinachtal läuft der Ostweg wieder auf die Höhe und dann nochmals ins Nagoldtal hinunter, dessen weite Schleife der Weg abkürzt, nach Altensteig.

In den Kuranlagen vor dem Bad-Hotel links in den Park. An der Ecke des Brunnengebäudes links schwenken und rechts einen Treppenweg hoch. Über Querweg hinweg steil aufwärts in den Wald, weiteren Querweg schräg kreuzen. 100 m auf Fahrweg, an Gabel links und mit Kehre zu Querweg. Wenige Meter geradeaus und scharf rechts einen steilen Pfad hoch. Die Richtung beibehalten und am Ende links in Fahrweg. Am Waldrand vorbei an Wasserturm und zum Friedhof von **Liebelsberg**.

Berneck

Der auf einem Bergsporn gelegene malerische Ort wird beherrscht von der 40 m hohen Schildmauer der gut erhaltenen Burg aus der Stauferzeit. Das etwas tiefer gelegene Untere Schloss wurde 1768 errichtet. In der evangelischen Pfarrkirche sind gotische Fresken erhalten (um 1490).

100 Jahre Ostweg – Rast im Altensteiger Schlossgarten.

Halbrechts in den Ort, am Dorfweiher links und Ende der Weihergasse rechts.
An der Kreuzung links Dr.-Klein-Straße und halbrechts auf einen Wirtschaftsweg. Durch die Feldflur vorbei am Gewerbegebiet von Neubulach. Am Ende des Wegs links, kurz darauf rechts und nach 100 m rechts in Feldweg.
Rechts auf Schotterweg den Ortsrand von **Oberhaugstett** entlang. Geradeaus an einem Werk vorbei und vor dem Friedhof links in die Ortsmitte.
Rechts Hauptstraße, halbrechts Jahnstraße und vor dem Sportlerheim links. Ein Stück rechts auf der Straße, halblinks auf Wirtschaftsweg und geradeaus in den Wald. Nach 500 m hinter Rechtsknick links ab und rechts in den nächsten Splittweg. Nach 600 m links und ansteigend über eine Straße hinweg zum Wegetreff Buhlerwaldstern. Über zwei querende Splittwege hinweg halbrechts auf unbefestigten Weg. Geradeaus zum Ortsrand von **Wart**.
Über die Straße und vor Tennisanlage rechts Fahrweg in den Wald. Links auf Querweg 2 km zu Straße. 250 m links, dann die Straße rechts auf eingeschnittenen Weg verlassen. Geradeaus am Waldrand steil hinab ins malerische **Berneck**. Straßenschleife abkürzen und hinunter zum Marktplatz. Rechts auf die Straße Richtung Simmersfeld. Neben Teich links ab und geradeaus steil hoch. Im Wald zwei Querwege schräg kreuzen, dann an Gabel rechts sehr steil zum Waldrand hoch und geradeaus nach **Altensteigdorf**. Rechts Heerstraße, weiter Dorfer Straße und am Ende links auf die Verkehrsstraße nach **Altensteig**. Die Richtung beibehaltend auf der Lerchenstraße in die Stadt hinunter. Am Ende kurz rechts und links Treppenweg zur evangelischen Kirche. Rechts Kirchstraße, neben Haus 10 links Treppe zum Rathaus, rechts durch Laubengang, neben Apotheke links »Alte Steige«, scharf rechts Treppenweg, dann Laubengang und links vollends hinunter. Geradeaus über die Nagold auf den Marktplatz.

30

Altensteig – Freudenstadt

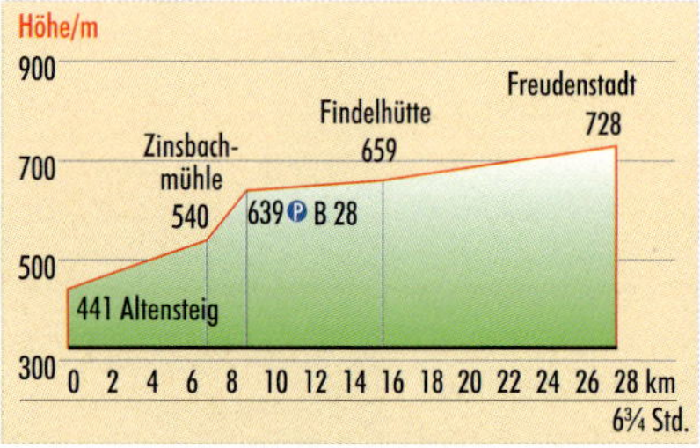

Ausgangspunkt: Altensteig Markt, Bus.
Zielpunkt: Freudenstadt Markt, Bahn/Bus Stadtbahnhof/ZOB.
ÖPV unterwegs: Bus Pfalzgrafenweiler, Obermusbach.
Charakter: Tal- und Höhenwanderung durch Wald und offene Landschaft. Keine großen Höhenunterschiede, jedoch einige kurze Steilstrecken.
Einkehr unterwegs: Kohlsägemühle, Reesenmühle (abseits), Pfalzgrafenweiler, Untermusbach.
Einkehr/Übernachtung: Altensteig, Kohlsägemühle (nur E), Reesenmühle (nur E, abseits), Pfalzgrafenweiler, Freudenstadt (JH Eugen-Nägele-Str. 69, 0,5 km abseits, vor Bahnübergang rechts ab).
Karte: KOMPASS Nr. 769.

Zunächst wandern Sie im stillen Zinsbachtal, dann geht es durch das ausgestreckte Pfalzgrafenweiler in den Weilerwald und über offenes Land nach Freudenstadt.
Vom Marktplatz rechts der B 28 folgen (rechte Straßenseite). Rechts in die Straße Richtung Bad Wildbad und vor der Nagoldbrücke links in die Sackgasse. Beim Geschwister-Scholl-Haus dem Wegweiser »Fahrzeuge« folgen. Einen Mühlenkanal und kleinen Stausee entlang, kurz ansteigen und auf Fahrweg ins Zinsbachtal ausbiegen. Auf schmalerem Weg zur Talsohle hinunter (rechts die Kohlsägemühle, Gasthaus).
Links ab, kurz ansteigen und rechts ab. Über schrägen Querweg hinweg auf Fahrweg. Bei Waldwiese geradeaus auf unbefestigten Weg und links auf Pfad ansteigen. Kurz auf Teerweg wieder abwärts, dann links auf Waldweg (geradeaus zur Reesenmühle, Gasthaus). Nach 1,5 km bei der **Zinsbachmühle** links einen kräftig steigenden Waldweg hoch. Weiter auf Fahrweg, vorbei an Hütte (Quelle Büchelesbronnen), und am Waldrand geradeaus. Kurz vor Erreichen der Straße (**B 28**) geht es nach links, rechts über den **Parkplatz** und auf Pfaden über die Straße hinweg weiter in Waldrandnähe. Kurz durch freies Feld zum jenseitigen Waldrand und rechts auf Fahrweg, dann über Straße hinweg auf Fußweg ins Gewerbegebiet von **Pfalzgrafenweiler**. Geradeaus Heinkelstraße, links zur Verkehrsstraße und geradeaus Hauptstraße zur Ortsmitte.
Geradeaus Burgstraße und halbrechts Christof-Decker-Straße. Bei Möbelwerk B 28 queren, links in Teerweg und an Gabel neben Hof

rechts. Geradeaus auf Splittweg in den Wald, links in Waldweg und in Linksbiegung geradeaus auf Pfad. Teerweg kreuzen, dann rechts auf Querweg. Straße schräg kreuzen, weiter auf unbefestigtem Weg. Schließlich rechts in Fahrweg, geradeaus an der **Findelhütte** vorbei, dann links biegen und zu Straße ansteigen. Weiter geradeaus, vorbei an Hütte auf

unbefestigtem Weg und links auf Fahrweg in ein versumpftes Hochtal. Rechts ab, dann halblinks in den Fritz-Bochinger-Weg, schließlich auf Fahrweg und links auf der Straße nach Obermusbach.

Kurz links Klosterstraße, rechts Mühlhaldenstraße und vorbei am Sportplatz nach Untermusbach. Geradeaus am Orts-/Waldrand (nicht links in Straße »Ostweg«). An der Waldecke kurz links auf Straße in den Ort und rechts auf den Müllerweg. Halbrechts in den Wald und an Grillplatz über zwei feste Querwege hinweg halblinks auf unbefestigten Weg. Rechts einen Querweg hinunter ins Tal.

Am Ortsrand von Frutenhofen kräftig ansteigen und geradeaus einen Wiesenweg hoch. Durch zwei Zaundurchlässe, geradeaus und am Waldrand links. An Gabel halbrechts abwärts in den Wald, durch ein Tal, und am Ortsrand von Wittlensweiler geradeaus.

Steil abwärts in ein Tal, am Spielplatz über zwei Querwege hinweg geradeaus auf Teer wieder hoch. Auf der Höhe geradeaus (schöne Aussicht auf Talbrücke der Eisenbahn) und durch freies Feld über die B 294 hinweg nach **Freudenstadt**. Vorbei am Friedhof und geradeaus über die Bahn auf die Musbacher Straße. Ringstraße kreuzen und am Ende rechts Stuttgarter Straße ins Zentrum auf den großen Marktplatz.

31

Freudenstadt – Alpirsbach

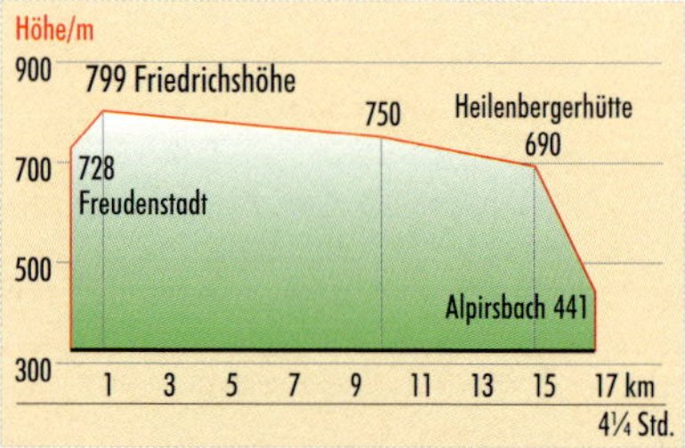

Ausgangspunkt: Freudenstadt Markt, Bahn/Bus Stadtbhf./ZOB.
Zielpunkt: Alpirsbach, Bahnhof abseits.
ÖPV unterwegs: Bus Ödenwald, Schömberg.
Charakter: Höhenwanderung fast nur durch Wald, am Schluss steiler Abstieg.
Einkehr/Übernachtung: Freudenstadt (JH siehe Tour 30), Ödenwald, Schömberg, Alpirsbach (JH 1 km abseits, vom Markt »Reinerzauer Steige« hoch).
Karte: KOMPASS Nr. 770.

Ab Freudenstadt läuft der Ostweg durch die Wälder der welligen Hochfläche des Mittelschwarzwalds und steigt dann ins Kinzigtal ab.

Der Weg führt auf dem Marktplatz im Zentrum Freudenstadts links in die Loßburger Straße, kurz gemeinsam mit dem Mittelweg (rote Raute mit weißem Strich). Linke Straßenseite benutzen! Rechts in die Straßburger Straße (B 28), beim »Atrium« links in die Hartranft- und rechts Herzog-Friedrich-Straße. Vorbei an Wetterstation und Aussichtsturm auf der **Friedrichshöhe** in den Wald. Nun 3,5 km auf Fahrwegen und festen Waldwegen immer geradeaus, das Tal der Lauter querend. Wenn schließlich nur noch ein unbefestigter Weg geradeaus führt, rechts in den Querweg und linksbiegend zum Waldrand. Rechts entlang der Straße durch **Ödenwald**. Weiter auf der Straße aufwärts zu Querstraße. Geradeaus in den Wald und kurz darauf an Gabel links. Am Waldrand rechts und links auf der

Kloster Alpirsbach, vom Kurgarten aus.

Straße nach **Schömberg**. Am Kreisel rechts Richtung Schenkenzell und links in die Altenburgstraße. Vorbei an stattlichem Hof geradeaus in den Wald. Nach 400 m links in unbefestigten Weg. Kurz darauf rechts und abwärts zu Hütte. Auf Fahrweg wieder aufwärts, an Wegteilung links, und bei Linkskehre auf Pfad, die Richtung beibehaltend. Bald rechts auf Waldweg und geradeaus zu Fahrweg. Rechts, vorbei an Lichtung, und am Ende links hinunter zur **Heilenbergerhütte**.

Links steil abwärts zu Wegetreff und rechts auf den mittleren Weg. Rechts auf Pfad weiter abwärts. Am Siedlungsrand von **Alpirsbach** scharf rechts auf Fahrweg und nach 30 m links auf Pfad noch ein Stück durch Wald. Schließlich in der Siedlung über »Am Höhneck« hinweg in den Eichenweg. Am Spielplatz links Fußweg, dann links die Spitalgasse hinunter zum Ambrosius-Blarer-Platz am alten Kloster. Rechts zum Marktplatz und links Bahn und Hauptstraße (B 294) kreuzen (zum Bahnhof rechts).

Kloster Alpirsbach

Das 1095 gegründete Kloster übernahm von Hirsau die cluniazensische Reform (siehe Tour 28). Nach der Reformation diente es bis 1807 als Ausbildungsstätte für Pfarrer, dann wurde es säkularisiert. Die 1130 geweihte Klosterkirche St. Nikolaus, die den Vorgängerbau von 1099 ersetzte (Westturm erhalten), zeigt die der Klosterreform entsprechende bauliche Ausstattung. Bemerkenswert sind die gotische Sakristei (vor 1350) und der Hochaltar (1520–25). An die Kirche schließt der Kreuzgang an, um den der Konvent angeordnet ist.

In ehemaligen Klostergebäuden befinden sich heute das Rathaus und zwei Museen mit dem Infozentrum »Mönche und Scholaren«.

32

Alpirsbach – Schramberg

Ausgangspunkt: Alpirsbach, Bhf. abseits.
Zielpunkt: Schramberg, Bus.
ÖPV unterwegs: Bus Rötenbach, Aichhalden (sa/so nur Anruffahrten).
Charakter: Hang- und Höhenwanderung, am Beginn steiler Anstieg, am Ende steiler Abstieg.
Einkehr/Übernachtung: Alpirsbach (JH s. Tour 31), NFH Holzebene (nur Ü), Aichhalden, Waldeslust (nur E), Schramberg.

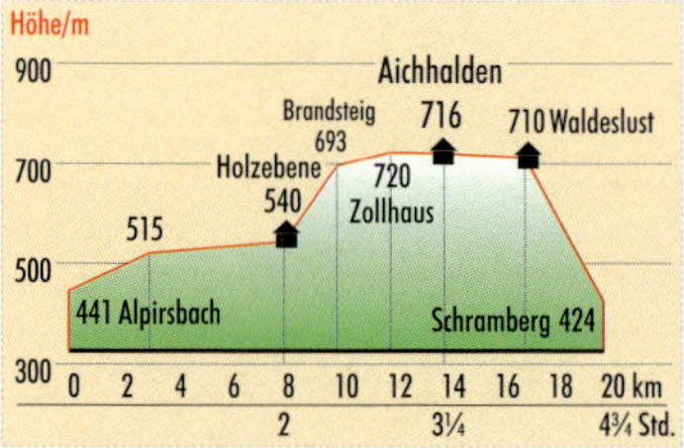

Karte: KOMPASS Nr. 770.

Durch den linken Talhang der Kinzig führt der Ostweg aufwärts, läuft unweit der Taleinschnitte reich an Aussichten über die Hochfläche und dann hinunter ins Schiltachtal.
Vom Marktplatz aus Bahn und Hauptstraße (B 294) kreuzen und auf alter Brücke über die Kinzig. Rechts auf dem Gutleutweg durch den Hang nach **Rötenbach**. Auf »Oberer Weg« zur B 294 hinunter, neben ehemaligem Gasthaus links auf Fußweg und links versetzt in den Friedhofweg. Neben Kapelle auf Fahrweg sehr steil aufwärts, vorbei an zwei Häusern. Bei Waldeintritt rechts ab in die Wiesen. Am Waldrand links und rechts in den Wald. Durch den Hang rechtsbiegend über einen Bach zum Weiler Fräulinsberg.
Zweimal links ab, beim zweitenmal auf den zweiten, ungeteerten Weg. Ein Stück durch Wald, dann bei Anwesen links ab. Wieder durch Wald, mit Rechtsbogen über einen Bach und schließlich vorbei an schön renoviertem Bauernhaus nach **Holzebene**. Auf der Straße links zu weiterer Häusergruppe (oberhalb vom Weg Naturfreundehaus).
Weiter auf der Straße, an Einmündung links hoch und kräftig ansteigend auf den **Brandsteig**. Auf der Höhe rechts ab den Waldrand entlang, vorbei an römischen Fundstücken. Geradeaus zu einer Straße und zum **Zollhaus**. Rechts ab durch den Hof und geradeaus auf den Wald zu. Kurz davor halblinks auf un-

Heiligenbronn, Wallfahrtskapelle östlich von Freudenstadt.

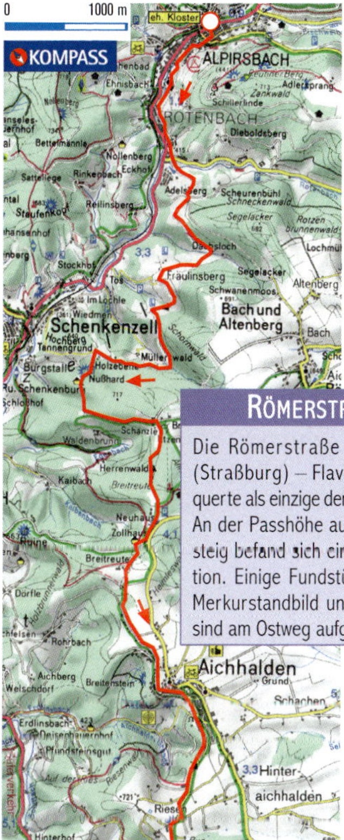

befestigten Weg und bei Waldeintritt links ansteigen. Aus dem Wald geradeaus zunächst weglos, dann auf Teerweg zum jenseitigen Waldrand. Noch ein Stück durch Wald in das aussichtsreich gelegene, lang gestreckte **Aichhalden**. Ende »Alterweg« geradeaus Brunnenstraße, am Ende links Rathausstraße zur Ortsmitte.

Vor Einmündung in Verkehrsstraße rechts in den Schramberger Weg. An Gabel rechts in »Wanne«. Ein Stück am Waldrand und durch Streusiedlungen. Unter Stromleitung rechts in Querweg, dann an Steinkreuz links. Schließlich halbrechts ab zum **Gasthaus Waldeslust**. Rechts auf unbefestigtem Weg in den Wald, links schwenken und mehrere Querwege kreuzen. Schließlich auf Fahrweg, an Gabel links und kurz durch freies Feld. Am jenseitigen Waldrand rechts ab und weglos im Linksbogen am Waldrand weiter. Geradeaus auf Fahrweg, abwärts in den Wald, an zwei Gabeln zunächst links, dann rechts, jetzt steil abwärts. Nach Rechtsbiegung Querweg kreuzen, dann an Wegteilung scharf links einen Serpentinenpfad hinunter. Querweg kreuzen, geradeaus einen Zaun entlang und durch Anlagen abwärts nach **Schramberg**. Links Straße hinunter, dann durch die Leitplanke links Fußweg abwärts und links versetzt geradeaus zum Paradiesplatz. Kurz rechts, links Oberndorfer Straße und an der Teilung rechts gegen die Fahrtrichtung zum Rathaus. Links in die Fußgängerzone und geradeaus an der Volksbank vorbei neben dem Busbahnhof in die Berneckstraße.

RÖMERSTRASSE

Die Römerstraße Argentorate (Straßburg) – Flaviae (Rottweil) querte als einzige den Schwarzwald. An der Passhöhe auf dem Brandsteig befand sich eine Straßenstation. Einige Fundstücke (u.a. ein Merkurstandbild und Wegsäulen) sind am Ostweg aufgestellt.

Schramberg – Villingen

Ausgangspunkt: Schramberg, Bus.
Zielpunkt: Villingen Bahnhof.
ÖPV unterwegs: Bus Hardt (abseits), Burg Waldau, Königsfeld, Mönchweiler (abseits), Tannenhöhe.
Charakter: Nach steilem Anstieg abwechslungsreiche Höhenwanderung, unterschiedliche Wege.
Einkehr/Übernachtung: Schramberg, Hardt (abseits), Königsfeld, Mönchweiler (abseits), Villingen (JH St. Georgener Straße 36, 1,5 km abseits).
Karte: KOMPASS Nr. 770.

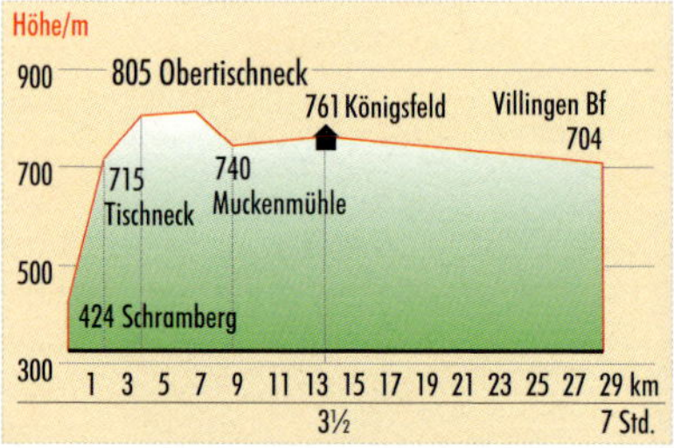

Nach dem Aufstieg aus dem Schiltachtal läuft der Weg mal durch Wald, mal durch offenes Land über die wellige Hochfläche der Ostabdachung des Schwarzwalds. Zum Schluss geht es durch das Brigachtal nach Villingen.
Neben dem Busbahnhof auf der Berneckstraße Richtung St. Georgen. Vorbei an der Heilig-Geist-Kir-

Römerkastell im Raum Rottweil, dem Schnittpunkt zweier Römerstraßen.

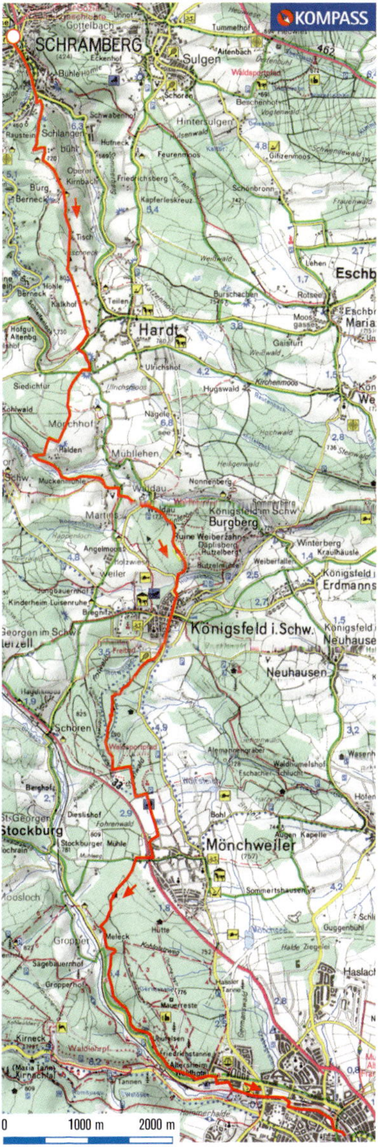

che und einer Fabrik. An der Straßenteilung rechts an der Schiltach bleiben, dann links in die Falkensteinstraße. Neben Umspannstation halblinks steil aufwärts (Am Bergstoffel 15-21), vor einem Haus scharf links und rechts auf befestigtem Fußweg steil hoch. Im Wald geradeaus, schließlich mit Kehre zum Waldrand. Scharf rechts hoch zu den ersten Häusern von **Tischneck**. Links ab durch die lang gezogene Streusiedlung. Nach 1,3 km an Gabel vor Hof rechts hoch, dann scharf links in den Wald und über die freie Höhe nach **Obertischneck**. Geradeaus zur St. Georgener-Straße am Rand von Hardt.

Rechts auf die Straße und links in den Oberhardtweg. Bei weiter Aussicht auf die Albstufe vorbei an Funkmast und rechts in den Römerweg. Halblinks in den Wald, dann auf teils unbefestigten, teils festen Wegen mit mehreren Knicks dem Waldrand folgen. Auf Höhe eines Hofes rechts in den Wald und abwärts ins Tal des Glasbachs.

Scharf links in Teerweg und halbrechts hinunter auf den Weg »Muckenloch 1«. Vorbei an der **Muckenmühle** wieder ansteigen. Im Wald an Gabel auf den unteren Weg. Dann aus dem Wald gera-

Der Schwarzwald ist berühmt für seine Uhrenkunst.

tung Villingen-Schwenningen.
Im Wald auf seperatem Fußweg, nahe Sportplatz rechts versetzt Straße, dann zwei Querwege kreuzen. Am Ende rechts und geradeaus, vorbei an Hütte, zu Waldacker. Links ab und an Kreuzung im Wald rechts. Am Waldrand links abwärts (Aussicht auf die Alb) und an Grillplatz rechts auf schmalem Weg in das reizvolle Gideaus auf Teerweg abwärts, gemeinsam mit Querweg Lahr – Rottweil (rot-blaue Raute auf gelbem Grund). Vor Hof links biegen und im Weiler Martinsweiler rechts. Links ab zur Ruine Burg Waldau, Straße kreuzen und in den Wald ansteigen. Rechts auf den Waldauweg, schließlich an Golfplatz zu Straße und links aufwärts nach **Königsfeld**. Vorbei am Albert-Schweitzer-Haus und rechtsknickend auf der Verkehrsstraße (der Querweg biegt ab) in die Ortsmitte.
Weiter auf der Mönchweilerstraße und am Kreisel geradeaus Rich-

fitzenmoos. An Teich rechts knicken, geradeaus auf Fahrweg vorbei an Sportanlagen und mit Links-/Rechtsknick nach **Mönchweiler**. Am Ortsrand rechts hoch, dann links knickend über die Verkehrsstraße hinweg in die Frieden- und am Ende rechts Mühlenstraße.
Unter der B 33 durch, weiter Mühlenstraße, und bei abknickender Vorfahrt links in die »Waldstraße«. Geradeaus in den Wald, vorbei an Klärwerk, weiter Harzlochweg und am Ende geradeaus auf unbefestigtem Weg zu Fahrweg.
300 m links, dann halbrechts un-

befestigter Weg. An Gabel links abwärts zu Fahrweg, links und nach 300 m vor Rechtskurve links auf Pfad, die Richtung beibehalten. Nun auf reizvoller Strecke durch den Brigachtalhang. Nach 1,5 km kurz links auf Waldweg, dann wieder rechts, vorbei an mehreren Brunnen und dem Uhufelsen. An Kreuzung geradeaus, dann an zwei Gabeln zunächst rechts, dann links. Fahrweg kreuzen, schließlich am Ende rechts zur Tannenhöhe am Rand von **Villingen**. Dem Waldrand folgen, am Dreieck rechts »Obere Waldstraße«, vor Haus 45 rechts Fußweg abwärts und links in Ortsstraße. Am Ende rechts, Fuß-/Radweg in den Wald, über die Bahn und Ende der Brückenrampe scharf rechts zu Kapellchen beim Kurgarten.

Links in die Sebastian-Kneipp-Straße, gemeinsam mit Schwarzwald-Jura-Bodensee-Weg (grüne Raute auf gelbem Grund).

An der Brigach auf seperatem Fußweg, unter der Brücke der Peterzeller Straße durch und über die Richthofenbrücke auf das andere Ufer. Bei der zweiten Straßenbrücke rechts in die Mönchweilerstraße und den Straßenring kreuzend zum Oberen Tor. Links durch die Anlagen entlang der Befestigung zum Bickentor, wieder den Ring kreuzen und über die Brigach zum Bahnhof.

KÖNIGSFELD

Der Kneippkurort wurde im Jahre 1806 von der Herrnhuter Brüdergemeinde gegründet. Das Gemeindehaus bot rund 650 Mitgliedern Platz.

Der spätbarocke Ortskern um den zentralen Zinsendorfplatz steht unter Denkmalschutz.

Kirche St. Maria in Schramberg.

34

Villingen – Geisingen

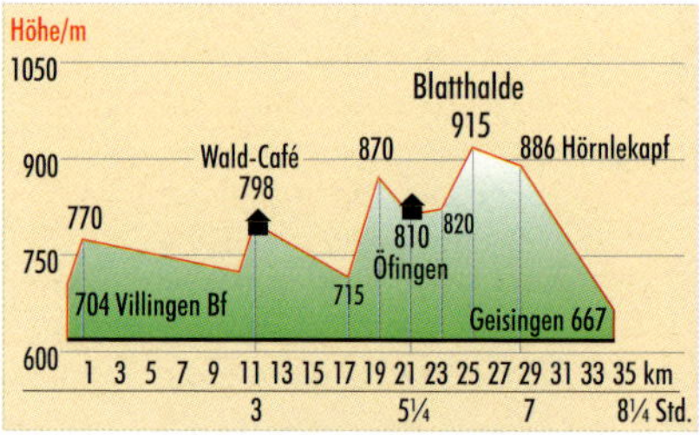

Ausgangspunkt: Villingen, Bahnhof.
Zielpunkt: Geisingen, nahe Bahnhof.
ÖPV unterwegs: Bus Bad Dürrheim Gewerbegebiet, Sunthausen (abseits), Öfingen.
Charakter: Vielfältige Höhenwanderung auf unterschiedlichen Wegen, größere Steigungen nur im letzten Drittel.
Einkehr/Übernachtung: Villingen (JH siehe Tour 33), Wald-Café (nur E), Sunthausen (nur E, abseits), Öfingen, Geisingen.
Karte: KOMPASS Nr. 894.

Diese lange Etappe über die Hochfläche zwischen Schwarzwald und Alb vereint sehr unterschiedliche Landschaften. Zunächst wandern Sie überwiegend im Wald, dazwischen durch das Moorgebiet Schwenninger Moos (Neckarursprung). Es schließt sich eine Passage durch das offene Land der Baar an, bevor Sie dann die bewaldeten Ausläufer der Jurahöhen erreichen.
Neben dem Bahnhof auf weit gespannter Brücke über die Gleise,

Der Neckar entspringt einem Quellmoor im Schwenninger Moos.

Die ungleichen Münstertürme sind eine Zierde von Villingen.

gemeinsam mit Schwarzwald-Jura-Bodensee-Weg (grüne Raute auf gelbem Grund). Vor dem Kreishaus rechts in die Anlagen, B 33 unterqueren, und über den Fürstenbergring hinweg auf »Beim Hohenstein«. Links Treppenweg hoch, Ortsstraße kreuzen, am Waldrand kurz rechts und links ein Stück aufwärts durch den Wald. An der offenen Höhe trennen sich die Wege, der Ostweg biegt links ab. Nach

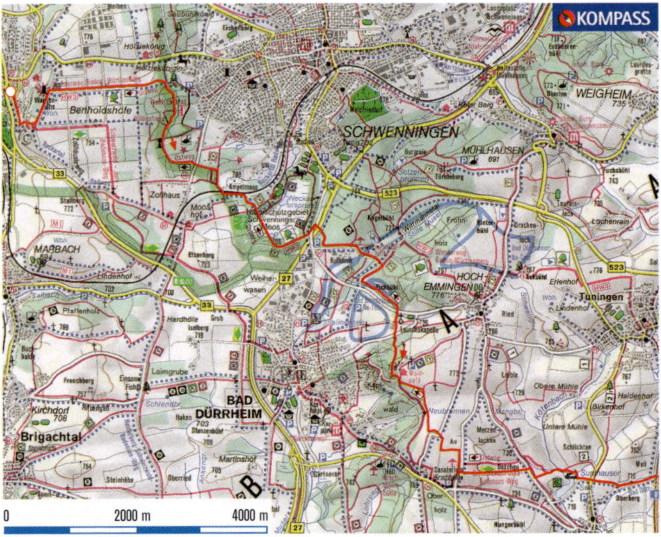

500 m vor Gewerbegebiet rechts und 1,5 km geradeaus über freies Feld. Den Hölzleweg kreuzen, und im Wald beim Hölzlekönig rechts ab auf Pfad. Geradeaus auf befestigtem Waldweg. Mehrere Fahrwege kreuzen, ein schmaler Streifen freien Geländes ermöglicht einen Blick auf Schwenningen, kurz darauf ein Ehrenmal. Schließlich Straße kreuzen und nach 50 m halbrechts wieder in den Wald. Rechts auf Teerweg, dann mit niedrigem Durchgang einen Bahndamm queren. Links auf festem Weg zu Wegetreff am Rand des Schwenninger Mooses.

Rechts auf dem zweiten Weg durch das Moor. Am Ende rechts auf der Straße über die B 27 hinweg zum Rand des Gewerbegebiets von Bad Dürrheim. Mit einer Schleife unter der Brücke durch und den Waldrand entlang, vorbei an einer Klinik. An Wegteilung rechts, im Wald an Kreuzung rechts ab auf den Frohnholzweg. Am Waldrand links biegen parallel zur nahen Straße. Dann rechts die Straße kreuzen und vorbei an der Lourdes-Kapelle zu weiterer Straße. Geradeaus auf unbefestigtem Weg in den Wald hoch, Fahrweg kurz berühren, schließlich über Splittweg hinweg auf Pfad und vor Aussichtspunkt scharf links zum **Wald-Café**.

Rechts biegen, noch kurz durch Wald, dann beginnt eine Passage durch offenes Land. Rechts in Querweg, links biegen, vorbei an Wasserbehälter, rechts biegen und wieder links zu Straße. Rechts zu Hütte und scharf links in Wirtschaftsweg, jetzt wieder gemeinsam mit Schwarzwald-Jura-Bodensee-Weg. Am Ende kurz rechts auf Straße und links in eine Senke. Rechts biegen, über die Kötach und das Ufergehölz des Sunthauser Sees entlang. Schließlich die Böschung hoch zur Straße und links zum Ortsrand von **Sunthausen**. Geradeaus auf Wirtschaftsweg und im Bachgrund links in den zweiten Weg. Unter der Autobahn durch und geradeaus auf unbefestigtem Weg steil in den Wald hoch. Links auf Fahrweg, unterhalb von Hütte scharf rechts und links einen Pfad hoch. Am Waldrand rechts und links in einen

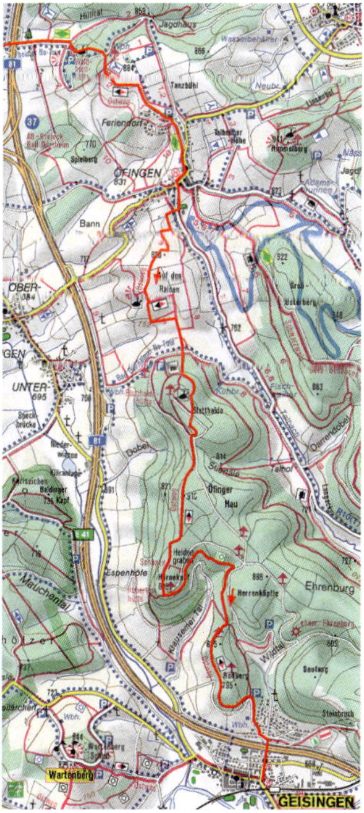

Heckenweg. Bei großartiger Aussicht nach **Öfingen**. Zunächst durch Feriensiedlung, dann vor Haus 150 links auf Fußweg in den Ort. Auf Haugenrain- und Bühlstraße abwärts in die Ortsmitte. Die Wege trennen sich, der Ostweg geht geradeaus Richtung Oberbaldingen, dann links in die Unterzaun-Straße. Nach einer Wiese rechts in Feldweg, am Ende links, dann wieder rechts und an einer Obstbaumreihe links weglos die Wiese hoch. Auf der Höhe rechts in Feldweg, links biegen und geradeaus vorbei an Baumgruppe (Hütte). Am Ende auf Querweg wenige Meter rechts zur Hangkante, links weglos die Böschung hinunter und den oberen Wiesenrand entlang. Schließlich rechts auf Feldweg und geradeaus steil in den Wald hoch. Zwei Fahrwege kreuzen und auf der **Blatthalde** am Ende rechts in einen dritten. Links in Querweg und an Wegteilung rechts auf dem Brandweg 2 km zum **Hörnlekapf** (Aussichtspunkt, Hütte).

Kurz links ab und rechts auf reizvollem Pfad durch den Hang zu Waldweg. Abwärts und kurz vor Rechtsknick wieder auf Pfad. Geradeaus »Westhangweg«, an Gabel rechts und an Funkmast vorbei abwärts zum Waldrand. Über Querweg hinweg rechts auf dem Rossbergweg nach **Geisingen**.

Rechts Wildtalstraße unter der Autobahn durch und geradeaus auf die Verkehrsstraße. Am Dreieck rechts schwenken (zum Bahnhof geradeaus) in die Ortsmitte.

35

Geisingen – Achdorf

Ausgangspunkt: Geisingen, nahe Bhf.
Zielpunkt: Achdorf bei Blumberg, Bus nur montags – freitags (täglich ab Blumberg, 2 km abseits).
ÖPV unterwegs: Bus Gutmadingen, Hondingen (montags – freitags).
Charakter: Höhenwanderung mit steilem Auf und Ab, unterschiedliche Wege.
Einkehr/Übernachtung: Geisingen, Gutmadingen, Hondingen, Achdorf.

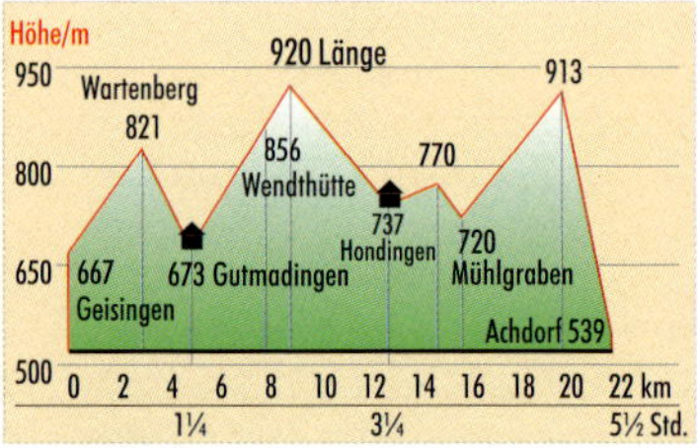

Karte: KOMPASS Nr. 894.

Sonderzug bei der Ausfahrt aus dem Stockhalde Kreiskehrtunnel.

Auf dieser Etappe führt Sie der Ostweg teils durch Wald, teils durch offenes Land, auf und ab über die Erhebungen des Jura. Bei Gutmadingen kreuzen Sie die Donau.

Auf der Hauptstraße durch Geisingen und am Kreisel geradeaus Richtung Bad Dürrheim. Gegenüber Autohaus links ab, über die Kötach, links Mühlenweg und rechts hoch auf den **Wartenberg**. Ende des Teerwegs geradeaus am Waldrand steil aufwärts, dann wieder auf Teer auf die Höhe (weite Aussicht, das Schloss ist nicht zugänglich). Links über den Hof und durch Felder wieder steil hinunter. Im Talgrund die B 31 rechts versetzt unterqueren, dann über die Donau nach **Gutmadingen**. Rechts über die Bahn in die Ortsmitte. Neben der Kirche links Schul- und links Hangstraße. Steil zu Gehölz hoch und auf ebenem Weg nach rechts. Dann wieder links hoch, rechts auf ebenen Weg, erneut links steil aufwärts und in den Wald. Rechts zu Straße und aufwärts zur **Wendthütte**. Geradeaus im Rechtsbogen auf Fahrweg zur freien Höhe mit Fernsehturm und großem Windrad auf der **Länge** (920 m). Am Waldrand bleiben, zuletzt weglos, und kurz vor

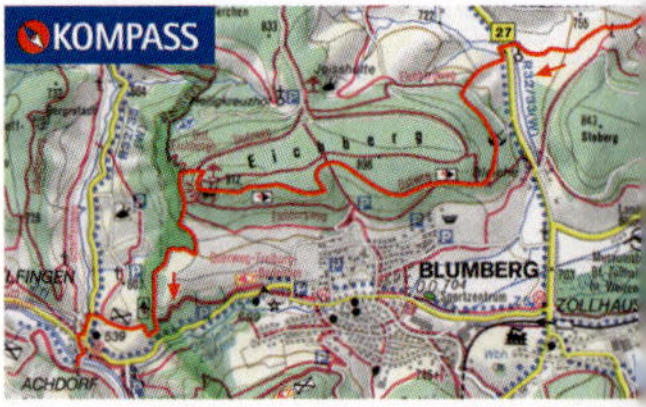

Fahrweg auf Pfad in den Wald. Dann auf dem Fahrweg geradeaus, an zwei Gabeln kurz hintereinander rechts und an Wegetreff (Hütte) rechts hinunter nach **Hondingen**.

Verkehrsstraße kreuzen und halblinks in »Süßer Winkel«. Neben Haus 3 auf Grasweg, auf Steg über den Mühlbach, weglos linksbiegend über die Wiese zu Feldkreuz und geradeaus zu Firmengelände. Wenige Meter links und scharf rechts in Wirtschaftsweg. Durch freies Feld ansteigen bis zu Feldkreuz. Kurz darauf rechts, in den nächsten Weg links und rechts hinunter in den Talgrund. Kurz rechts den **Mühlgraben** entlang und unter der B 27 durch. Auf der anderen Seite ein Stück links, denn rechts in den Wald hoch.

An Schrägkreuzung auf den oberen Weg und weiter ansteigen. Vorbei an Funkmast, dann meist eben entlang der Hangkante zu markantem Aussichtspunkt mit Hütte (Blick über das Wutachtal). Geradeaus auf unbefestigten Weg und kurz vor Einmündung in Querweg links einen steilen Serpentinenpfad hinunter. Vor dem Waldrand zunächst scharf rechts einbiegen und noch ein Stück an der Hangkante, dann am Waldrand steil hinunter (Blick auf Blumberg). Auf freiem Feld an der ersten Bank scharf rechts, nach 50 m links wieder in den Wald. Bei kleinem Steg links und durch den steilen Hang zu weiterem Querpfad. Hier trifft man auf den Querweg Freiburg-Bodensee (weiß-rote Raute auf gelbem Grund). Wer in das nahe gelegene Blumberg möchte, folgt dieser Mark. nach links. Der Ostweg läuft gemeinsam mit dem Querweg scharf rechts hinunter, zuletzt auf Wirtschaftsweg, nach **Achdorf**. Links zur Straßengabel in der Ortsmitte.

Die **WUTACHTALBAHN** Blumberg – Weizen, auch »Sauschwänzlebahn« genannt, wurde 1887–90 aus militärischen Gründen gebaut, um eine Verbindung an den Hochrhein unter Umgehung schweizerischen Gebiets zu erhalten. Auf einer Luftlinie von 9,6 km musste eine Höhendifferenz von 231 m überwunden werden, dabei durfte die Steigung nicht mehr als 1% betragen. Das führte zur Anlage verschiedener Kunstbauten, u.a. des einzigen deutschen Kreiskehrtunnels. 1976 wurde der planmäßige Personenverkehr eingestellt. Jetzt ist ein Museumsbetrieb mit historischen Dampfzügen eingerichtet. Verkehrstage: Mai – Okt. mittwochs, samstags, sonntags, Juli – Sept. auch donnerstags. Info: Bahnhof Zollhaus, Tel. 07702/477604. www.sauschwaenzlebahn.de www.wutachtalbahn.de

Achdorf – Stühlingen

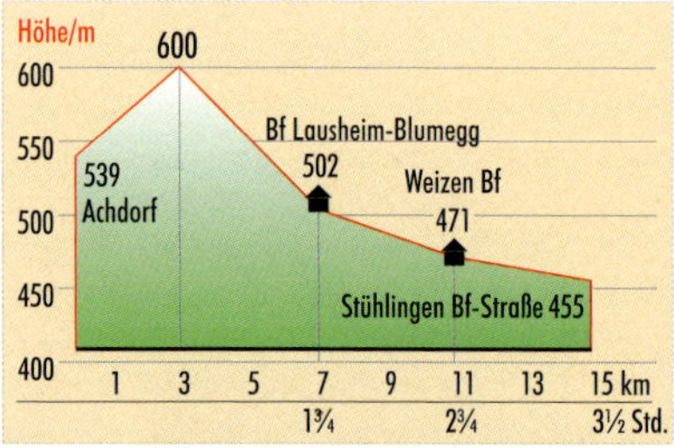

Ausgangspunkt: Achdorf bei Blumberg, Bus nur montags – freitags (täglich bis Blumberg, 2 km abseits).
Zielpunkt: Stühlingen Bahnhofstraße, Bus.
ÖPV unterwegs: Bus Grimmelshofen (abseits), Weizen. Museumsbahn (siehe Tour 35) Lausheim-Blumegg, Weizen.
Charakter: Talwanderung mit Auf und Ab in den Hängen. Zwischen Straße Achdorf – Fützen und Bahnviadukt ungesicherter exponierter Pfad, der bei ungünstigen Bedingungen (Glätte, Schlechtwetter) nicht begangen werden kann. Schwindelfreiheit erforderlich.
Einkehr/Übernachtung: Achdorf, Bf. Lausheim-Blumegg (nur E), Weizen (nur E), Stühlingen.
Karten: KOMPASS Nr. 771 oder 894.

Die Wanderung durch den Cañon, den die Wutach in den Muschelkalk des Jura eingegraben hat, ist ein Höhepunkt des Ostwegs.
Der Weg verlässt **Achdorf** auf der Straße in Richtung Blumberg. Am Ortsende rechts auf die schmale Straße Richtung Fützen und 2 km auf und ab durch den Hang, bis sie stärker ansteigt. An einer Hinweistafel beginnt der Pfad durch die Wutachflühen. Ungesichert geht es durch die senkrecht abfallenden Felswände aus Kalkstein. Nach 3 km endet der Pfad vor dem Damm der Wutachtalbahn.
Rechts hinunter und neben der hohen Brücke auf einem Steg über die Wutach. Jenseits steil ansteigen, unter der Bahn durch und scharf links hoch. Allmählich wieder abwärts zum **Bhf. Lausheim-Blumegg** (Gasthaus).
Ein Kilometer abseits – die Straße

Die Fahrt mit der Wutachtalbahn bietet spektakuläre Aussichten.

entlang – liegt Grimmelshofen. Scharf rechts über das Bahngleis, hinter dem Gasthaus scharf links hoch und auf den rechten Weg. Nach Kehre links in unbefestigten Weg, dann auf Pfad.

An Wasserbehälter schräg über Teerweg hinweg auf Waldweg und links auf Pfad. Weiter auf Waldweg und kurz nach Kehre scharf rechts ab. Vor Bebauung links Pfad hinunter zum ehemaligen **Bahnhof Weizen**, jetzt Endpunkt der Museumsbahn.

Neben dem Gleis über die B 315, vor der »Sto AG« rechts biegen und links durch das Firmengelände.

Neben dem letzten Gebäude rechts den ersten Weg in den Wald hoch. Links in Querweg. Vorbei an Hütte und in Kehre rechts auf Waldweg. Links auf Pfad über einen Bach, 20 m links auf Fahrweg, weiter auf Pfad, dann auf Waldweg. 30 m rechts auf Fahrweg, dann links nach Stühlingen. Links hinunter in den Behaghelweg und rechts Bahnhofstraße. Am Ende führt der Ostweg scharf links über das Gleis. Zur Stadtmitte geht es diesseits der Bahn geradeaus.

WUTACHTAL

Die aus Gutach und Haslach zusammenfließende Wutach bildet eine eindrucksvolle Schlucht mit artenreicher Flora und Fauna. Der Teil zwischen dem Zusammenfluss und Achdorf wird durch den Querweg Freiburg-Bodensee erschlossen (siehe KOMPASS Wanderführer Schwarzwaldhöhenwege 2). Bei Achdorf knickt die Wutach nach Süden ab. Die in der Geologie als Wutach-Umlenkung bekannte Erscheinung führt seit der letzten Eiszeit das ehedem zur Donau laufende Gewässer nunmehr zum Rhein. Der Fluss hat in den hier befindlichen Muschelkalk einen tiefen Cañon eingeschnitten, durch dessen linke Steilwand, die Wutachflühen, der Ostweg läuft.

37

Stühlingen – Schaffhausen

Ausgangspunkt: Stühlingen Bahnhofstraße, Bus.
Zielpunkt: Schaffhausen Sommerwies (Bus), Neubrunnen (Bus) oder Bahnhof.
ÖPV unterwegs: Bus Oberwiesen, Schleitheim.
Charakter: Höhenwanderung mit teils sehr steilem Aufstieg und lang gezogenem Abstieg.
Einkehr/Übernachtung: Stühlingen, Oberwiesen (nur E), Schleitheim, Schaffhausen (JH Belair, Randenstrasse 65).
Karten: KOMPASS Nr. 771 oder 894.

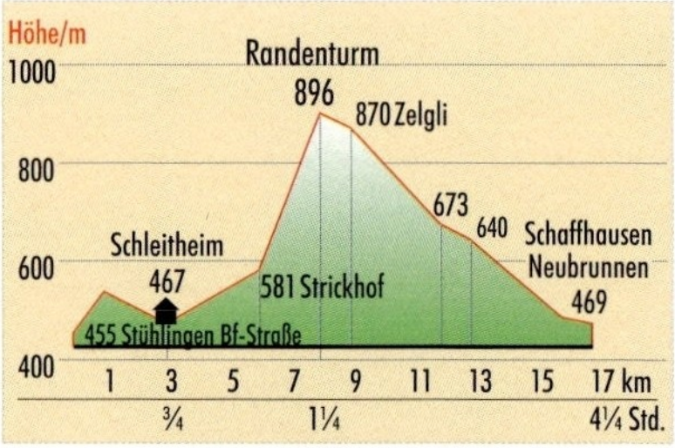

Zum Abschluss überquert der Ostweg die markante Jura-Erhöhung des Randen.

Von der Bahnhofstraße aus scharf links über das Gleis, links die B 314 entlang und rechts ab Richtung Schaffhausen. Über die Wutach und die Grenzabfertigung in die Schweiz passieren. Hier finden Sie neben der gewohnten Ostwegmarkierung auch die Bezeichnung gelbe Raute. Entlang der Straße durch **Oberwiesen**, in der Rechtskurve geradeaus auf Fahrweg, nach 50 m scharf links und rechts einen Serpentinenpfad hoch. Vorbei an Schutzstand auf die Flüelihalde und durch Weinberge und Felder nach **Schleitheim**. Rechts die Hölderlistrasse hinunter, kurz auf der Schwarzwald-Strasse und links Bahnhofstrasse. Weiter auf Adlerstrasse und rechts auf den Gemeindehausplatz.

Geradeaus Randenstrasse, rechts ab »Luckete« und links biegen. Durch Obstwiesen und freies Feld, am Ende rechts, links schwenken und an Wegteilung links zum **Strickhof**. Rechts weiter und kurz nach einem Schuppen links hoch. Jetzt beginnt der steile Aufstieg

STÜHLINGEN, 1083 erstmals erwähnte Stadt, besteht aus der Unterstadt und der malerischen, altertümlichen Oberstadt. Sehenswert sind das Kapuzinerkloster mit barocker Wallfahrtskirche und die 1786 im Empire-Stil erbaute Heilig-Kreuz-Kirche.

Blick über die Wutachflühen.

auf den Randen. Zunächst weglos den Wiesenrand aufwärts, dann kurz nach Waldecke im Wald weiter. Immer geradeaus mühsam steil hoch auf den westlichen Kamm des Schlossrandens. Unterhalb des **Randenturms** teilt sich der Pfad: links zum Turm hoch (896 m), geradeaus Abkürzung zur Hütte. Bei klarem Wetter sollten Sie den Turm nicht auslassen, Sie werden mit einer phantastischen Aussicht belohnt.

Vom Turm kurz zur großen Hütte mit Rastplatz hinunter und rechts auf breiten Fahrweg. An großer Waldwiese am **Zelgli** links ab, kurz weglos am Waldrand vorbei an Hütte, dann auf festem Weg. Kurz nach Waldeintritt rechts ab und abwärts zum Parkplatz Mäserich. Geradeaus 2,5 km auf ungeteerter Straße. 200 m nach Beginn von Teerdecke am Waldrand

auf unbefestigtem Weg abwärts. Wieder auf die Straße und an Kreuzung im freien Feld geradeaus auf ungeteerten Fahrweg.

Beim Waldeintritt teilt sich die Schweizer Markierung. Der Ostweg folgt geradeaus der Route über Sommerwies. Nach 500 m halbrechts auf einen Waldweg. An Schrägkreuzung geradeaus, dann an Gabel geradeaus auf den rechten, schmalen Weg. Schließlich abwärts ins Hemmentalertal und zuletzt auf der »Sommerhalde« zur Hauentalstrasse am Stadtrand von Schaffhausen (Bushalt Sommerwies).

Der Ostweg folgt der Straße noch einen Kilometer, bis sie am **Neubrunnen** in die Nordstrasse mündet. Hier endet die Markierung. Unbezeichnet zum Bahnhof: Links der Nordstrasse folgen. Bei Kirche die Verkehrsstraße verlassen und geradeaus gegen die Einbahnstraße (weiter Nordstrasse). Am Ende scharf links einen Fußweg hinunter zum Regionalbushof hinter dem Bahnhof.

Rheinfall bei Schaffhausen.

IDEALE REISEBEGLEITER FÜR INDIVIDUAL-REISENDE

DIE FÜHRENDEN INDIVIDUALFÜHRER FÜR DAS SÜDLICHE AFRIKA!
Fordern Sie unser Verlagsprogramm an

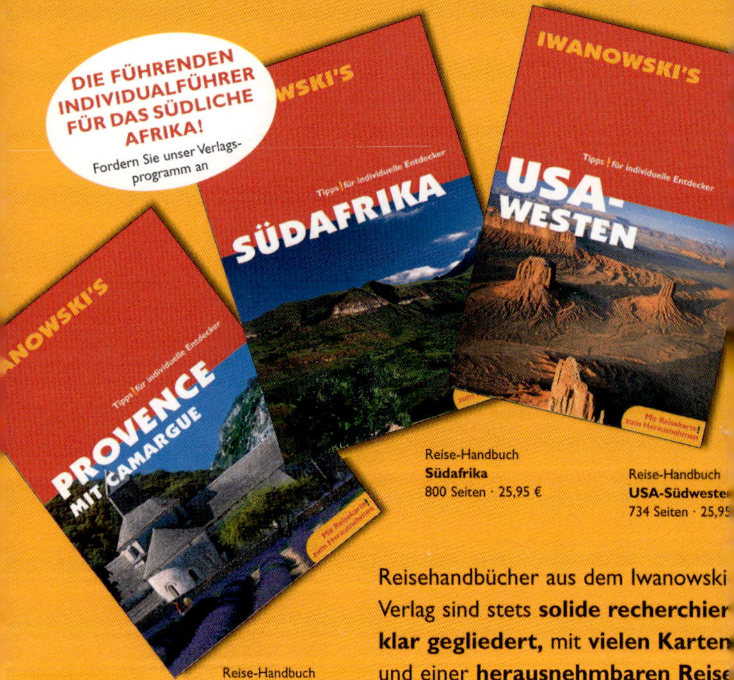

Reise-Handbuch
Südafrika
800 Seiten · 25,95 €

Reise-Handbuch
USA-Südweste
734 Seiten · 25,95

Reise-Handbuch
Provence
568 Seiten · 20,95 €

Reisehandbücher aus dem Iwanowski Verlag sind stets **solide recherchier klar gegliedert,** mit **vielen Karten** und einer **herausnehmbaren Reisekarte** versehen.

Aufbauend auf dem Schwerpunkt Südliches Afrika, umfasst das Verlagsprogramm heute **über 70 Titel weltweit**, den nordamerikanischen Kontinent ebenso wie den pazifischen Raum und Europa.

Über den guten Buchhandel oder portofrei direkt von:

IWANOWSKI'S REISEBUCHVERLAG

Iwanowski's Reisebuchverlag • Salm-Reifferscheidt-Allee 37 • 41540 Dormagen
Tel. 02133/260311 • Fax. 02133/260333 • info@iwanowski.de • www.iwanowski.de